ROMPENDO LIMITES

Jack Andraka com Matthew Lysiak
ROMPENDO LIMITES

Como um jovem inovador revolucionou o diagnóstico do câncer

Tradução
Sandra Martha Dolinsky

1ª edição

RIO DE JANEIRO | 2016

CIP-BRASIL. CATALOGAÇÃO NA FONTE
SINDICATO NACIONAL DOS EDITORES DE LIVROS, RJ

A563r

Andraka, Jack, 1997
    Rompendo limites: como um jovem inovador revolucionou o
diagnóstico do câncer / Jack Andraka com Matthew Lysiak ; Tradução
Sandra Martha Dolinsky.
    1ª ed. – Rio de Janeiro: BestSeller, 2016.
    224 p.

    Tradução de: Breakthrough
    ISBN 978-85-7684-978-0

    1. Andraka, Jack, 1997-. 2. Inventores – Estados Unidos – Bio-
grafia. I. Título.

16-30992

CDD: 926.2131
CDU: 929:621.3

Texto revisado segundo o novo Acordo Ortográfico da Língua Portuguesa.

Título original: BREAKTHROUGH
Copyright © 2015 by Jack Andraka
Copyright da tradução © 2016 by Editora Best Seller Ltda.

Publicado originalmente pela HaperCollins Children's Books, uma divisão da
HaperCollins Publishers. Direito de tradução negociado por Taryn Fagerness
Agency e Sandra Bruna Agência Literária, SL.

Capa: Guilherme Peres
Imagem de capa: Mark Tucker
Editoração eletrônica: Abreu's System

Todos os direitos reservados. Proibida a reprodução,
no todo ou em parte, sem autorização prévia por escrito da editora,
sejam quais forem os meios empregados.

Direitos exclusivos de publicação em língua portuguesa para o Brasil
adquiridos pela
Editora Best Seller Ltda.
Rua Argentina, 171, parte, São Cristóvão
Rio de Janeiro, RJ – 20921-380
que se reserva a propriedade literária desta tradução

Impresso no Brasil

ISBN 978-85-7684-978-0

Seja um leitor preferencial Record.

Cadastre-se e receba informações sobre nossos lançamentos e nossas promoções.

Atendimento e venda direta ao leitor
mdireto@record.com.br ou (21) 2585-2002

A minha **mãe**, Jane
a meu **pai**, Steve,
e a meu **irmão**, Luke
cujo amor e apoio
me ajudaram nesta jornada

Sumário

Introdução: *A intervenção*   11

1: *Minha infância*   14

2: *O nerd no armário*   31

3: *Receita para o desastre*   63

4: *A cura pelo conhecimento*   82

5: *Lembre-se do paciente*   98

6: *Perder para vencer*   111

7: *O garoto do papel para câncer*   134

8: *Meu Deus, nós matamos Morley Safer*   151

9: *A descoberta*   171

Agradecimentos   181

A escola de Jack: Experiências, dicas e fatos   183

De: ▬▬▬▬▬▬▬▬▬
Para: ▬▬▬▬▬▬▬
Data: 22 de abril de 2011
Assunto: Produção do antígeno e anticorpo do câncer de
pâncreas RIP1

Caro sr. Andraka

Lamento informar que o sensor proposto por você no procedimento associado não demonstra ser capaz de executar a
função pretendida. A ideia de um transístor de nanotubos de
carbono exigiria um volume tão grande de recursos que o pro-
duto final seria proibitivamente caro, incrivelmente delicado
e pobre em sensibilidade e seletividade. Por favor, analise a
possibilidade de tentar uma abordagem diferente.

Atenciosamente,

▬▬▬▬▬▬▬▬▬▬

Introdução

A intervenção

Meus pais estavam sentados na minha frente, no sofá, e não estavam felizes.

— Jack, você não acha que essa ideia é meio mirabolante?

Meu pai estava com aquele olhar preocupado... de novo. Arqueou as sobrancelhas, com a mão no queixo.

Minha mãe estava sentada ao lado dele. Ela olhava para a frente, os braços cruzados sobre o peito, me encarando. Desde que meu orientador os chamara, pouco tempo antes, meus pais haviam sido forçados a reavaliar algumas coisas. Aprendi que os orientadores tendem a chamar os pais quando os alunos tentam cometer suicídio no banheiro da escola.

— Não queremos que você se machuque, Jack — ela disse.

Ela acha que eu não aguento a pressão.

— Você se esforçou bastante. Talvez seja hora de virar a página. Ou buscar um objetivo diferente — acrescentou.

Um objetivo diferente? Desistir?

Eu havia investido muito tempo e lutado bastante. E eu estava tão... tão perto!

Ficou claro que toda aquela experiência tinha sido desconfortável para meus pais. Eu podia ver isso em seus olhos e em sua postura. Eles se sentiram obrigados a me confrontar com a realidade.

Mas eu me senti forçado a ignorá-la. Na verdade, eu não os ouvia mais. Eu tinha me desligado. Àquela altura, eu praticamente podia prever o que eles iam dizer a seguir, porque já havia escutado todos aqueles argumentos em minha própria cabeça mil vezes.

Os argumentos eram mais ou menos esses: quem eu pensava que era? Eu realmente achava que sabia mais que todos aqueles especialistas Ph.D.? Eu achava mesmo que minha ideia funcionaria?

— Não interessa o quanto você acredita em sua ideia. Todos nós sabemos que ela não vai acontecer se ninguém se dispuser a deixar que você faça um teste em um laboratório de verdade, Jack.

Eu estava exausto. Não conseguia me lembrar da última vez que havia tido uma noite inteira de sono. Durante meses eu tinha funcionado à base de adrenalina. Comecei a me perguntar se era isso que se sentia ao desmoronar.

— Se você tivesse descoberto uma maneira de detectar o câncer de pâncreas, não acha que um dos cientistas teria lhe dado uma chance?

Quase duzentos cientistas. E nenhum deles julgou minha ideia suficientemente plausível.

O que os meus pais não podiam ver — o que ninguém podia ver — era que, em minha mente, tudo estava muito claro. Uma gota de sangue em uma tira de papel. Só isso era necessário para testar o câncer de pâncreas. Era simples, de verdade. Se eu estivesse certo, estaria às portas de um inovador teste para um diagnóstico precoce, com potencial para salvar milhões de pessoas.

Nada disso importava, porém, se eu nunca fizesse isso em um laboratório.

Meus pais olharam um para o outro. Por fim, estavam prontos para tomar a decisão. Eles sabiam que seu apoio era crucial para mim. Sem isso, como eu financiaria minha pesquisa ou arranjaria os suprimentos de que necessitava? Afinal, aos 14 anos, eu não podia dirigir o SUV da família.

— Tudo bem — disse minha mãe, por fim. — Vamos ver onde isso vai dar.

Não era exatamente um endosso, mas era o que eu precisava. Meu tio havia morrido. Eu enfrentara anos de bullying e depressão. Era o que eu tinha. E eu não ia desistir.

Não quando estava tão perto.

Meu teste funciona. Eu sei que funciona. Só preciso provar isso para o resto do mundo. Só preciso de uma chance.

1

Minha infância

Nasci em uma casa que, olhando de fora, parecia igual às outras casas do nosso quarteirão, no subúrbio de Maryland. Por dentro, porém, nosso lar era cheio de energia criativa. Meus pais acreditavam que a vida era um gigantesco quebra-cabeça, e nós cumpríamos a alegre tarefa de descobrir seus mistérios infinitos.

Em meu terceiro aniversário, meus pais me deram um rio de plástico com quase dois metros de comprimento. Tinha água corrente e tudo. Meu pai, Steve, que é engenheiro civil, achou que seria divertido e educativo. Passei horas jogando pedaços de espuma e outros objetos em meu riozinho. Utilizando diferentes tamanhos de pedras, eu observava, paralisado, como todas aquelas obstruções mudavam o fluxo da água. Meu primeiro experimento de ciências foi um enorme sucesso: afundamento de casca de banana.

Quando eu era pequeno, minha mãe, Jane, conseguia transformar até mesmo um entediante passeio de carro em um competitivo desafio de raciocínio entre meu irmão, Luke, e eu. Na maioria dos casos, o desafio começava com uma pergunta inocente. Por exemplo:

— O que aconteceria se o sol desaparecesse? Vamos lá! — perguntava mamãe.

E o jogo começava. No banco de trás, meu irmão e eu tentávamos chegar à resposta certa.

— A Terra sairia de sua órbita! — ele gritou.

— Ia ficar muito fria — arrisquei.

Meu cérebro trabalhava rápido, mas o de Luke se movia ainda mais depressa.

— Durante oito minutos nós não saberíamos que o sol teria desaparecido, por causa do tempo que a luz leva para se deslocar.

Ele era muito inteligente, e sabia disso. Exibido.

— Não é verdade — protestei.

— Pode pesquisar — ele disse calmamente, bem satisfeito.

Nós dois sabíamos que ele estava certo. Ele tinha o irritante hábito de estar sempre certo.

Quando minha mãe sentia que nossos cérebros estavam esgotados por um tipo de pergunta (ou, no meu caso, quando suspeitava que eu estava prestes a ter um de meus ataques de birra e gritar "Estou cansado desse jogo!"), ela mudava abruptamente para outra, às vezes nos interrompendo no meio de uma frase.

— Um sapo imaginário pula em uma linha numerada. Ele pula sempre o mesmo número de passos, mas nós não sabemos qual é o intervalo. Que números vocês têm que atingir para pegar o sapo? Vamos lá! — ela propôs, em outra ocasião.

Luke e eu gritamos diferentes padrões de números.

— Zero, três, sete — Luke falou primeiro.

— Um, quatro, nove — foi o meu palpite.

Nós sabíamos quem havia acertado pelo elogio de minha mãe, que geralmente era algo tipo "Parabéns, Luke!", seguido de um suspiro excessivamente exagerado destinado a mim.

Não me lembro de uma época na qual eu não quisesse ser como meu irmão mais velho. Era como se ele conseguisse colocar em prática qualquer coisa que pusesse na cabeça, especialmente se tivesse a ver com computadores, videogames, matemática ou com construir coisas. Principalmente construir coisas. Luke, que tinha uma vantagem inicial de dois anos sobre mim desde que nasceu, sempre amou a engenharia. Quando criança, ele andava pela casa com sua pequena chave phillips desmontando coisas e tentando montá-las de novo. Às vezes, saía e reaparecia horas depois com um rádio quebrado que alguém havia jogado fora.

Nas manhãs de sábado, quando a maioria das crianças estava assistindo desenho, eu acordava e encontrava Luke escondido em um canto, trabalhando como um cientista louco. Quando eu ia até ele, com meus passinhos hesitantes, para ver o que estava fazendo, Luke olhava para mim como um gato travesso que havia apanhado um rato, determinado a proteger sua presa de estranhos. Eu sabia que ele não queria ser incomodado, por isso, ficava a uma distância segura para observá-lo. Observar Luke em ação era sempre melhor que ver desenho animado.

Quando eu ia entrar no ensino fundamental, Luke já havia me ensinado a jogar xadrez chinês. Eu era supercompetitivo, e queria muito vencê-lo. Além de dominar os conceitos de estratégia, jogar contra Luke me dava a oportunidade de testar meu olhar mortal. Eu fantasiava que meu olhar poderia penetrar o crânio dele, bloqueando seus poderes mentais e me possibilitando ter minha primeira vitória. Eu jogava e o encarava,

encarava e jogava, mas, não importava o quanto apertasse os olhos, sempre perdia. Depois da derrota, eu olhava mais um pouco para ele. Ele ria e me dava tapinhas no ombro.

— Talvez da próxima vez — ele dizia.

Nós dois sabíamos que ele não acreditava nisso.

Enquanto seu jeito alegre só me deixava mais irritado, ele não parecia preocupado. Estava sempre passando para sua próxima conquista intelectual.

Em dias de chuva, meu irmão e eu brigávamos pelo monopólio do computador da família. Era um computador grande, e eu adorava ver as letras e os números que digitava no teclado aparecendo na tela à minha frente. Quando eu estava no terceiro ano, já conseguia abrir programas que me permitiam pintar ou digitar histórias. Não muito tempo depois de eu dominar a tarefa de abrir e fechar o navegador, o tio Ted despertou meu entusiasmo pelo poder da internet.

— Use a tecnologia — ele sempre dizia. — Combina bem com o seu cérebro.

Ele estava certo; combinava mesmo. Eu mal podia acreditar na riqueza de informações que havia dentro daquela máquina. Aos 8 anos, era como se eu pudesse ter acesso a todo o conhecimento do universo se apertasse as teclas certas.

Meu tio Ted e eu tínhamos uma ligação especial. Na verdade, Ted não era meu tio de verdade, mas, como eu nunca havia conhecido a vida sem a sua presença, ele era da família. Entre minhas memórias favoritas da infância estão as manhãs de verão quando tio Ted me levava para pescar caranguejos. A noite anterior a um dia de pesca de caranguejos era como a véspera de Natal. Eu tirava todas as roupas do armário, programava o despertador para uma hora mais cedo e, antes de ir para a cama, o checava várias vezes, para ter certeza de que estava ligado. Mas, não importava quão cedo eu programasse o despertador, sempre acordava antes de ele tocar. Eu me vestia depressa e ficava olhando pela janela do quarto à espera da luz dos faróis do velho carro azul de tio Ted chegando.

Quando ele finalmente chegava, eu pulava no banco do passageiro. Tio Ted era um homem grande, corpulento, e seu cabelo castanho quase tocava o teto do carro.

— Bom dia, Jack. Está pronto? — ele perguntava, sorrindo.

— Sim!

Passávamos a viagem de uma hora até seu barco planejando a maneira mais eficaz de pegar o máximo possível de caranguejos, e chegávamos lá assim que o Sol começava a se erguer sobre a baía de Chesapeake.

Quando tio Ted encontrava um bom local na baía, nós pegávamos nossas gaiolas de caranguejo, que têm mais ou menos o mesmo tamanho de gaiolas para cães médios, e as enchíamos de iscas — pescoços de frango —, antes de deixá--las cair na água.

Passávamos as — muitas — horas seguintes navegando à velocidade de cruzeiro, falando sobre tudo e qualquer coisa. Especialmente sobre o futuro.

— Você já decidiu o que vai ser quando crescer, Jack? — perguntou tio Ted certa vez.

— Vou ser médico — respondi.

— Por quê?

— Porque quero ajudar as pessoas a sarar — expliquei, com orgulho.

Ele sorriu.

Depois de dar aos caranguejos tempo suficiente para entrar em nossas gaiolas, tio Ted virava o barco e nós voltávamos para onde havíamos deixado a primeira armadilha, e eu o ajudava a levá-las até o deque. As gaiolas pingavam e pesavam, cheias de caranguejos. Às vezes um caranguejinho se contorcia tentando se libertar, correndo pelo convés do barco, e a minha tarefa era persegui-lo. Felizmente, eu era mais rápido que os caranguejos. Quando eram muito pequenos, eu os jogava de volta na água; eles batiam na superfície com um minúsculo impacto, antes de desaparecer nas ondas.

Poucos sentimentos são mais satisfatórios que a viagem de volta depois de um árduo dia de trabalho pescando caranguejos. Quando chegávamos em casa, tio Ted cozinhava os caranguejos no vapor e eu cobria as mesas ao ar livre com jornal. Nossas famílias se reuniam em volta da mesa para contar histórias e comer. Usávamos martelinhos e pequenos garfos para escavar a carne macia, até que as mesas ficavam uma bagunça de cascas de caranguejo e cheiro de frutos do mar cozidos no vapor. De minha posição na mesa das crianças eu podia ouvir a estrondosa risada de tio Ted. Mesmo sem conseguir ouvir exatamente o que os adultos diziam, o riso era contagiante. Eu adormecia cansado e satisfeito, ouvindo o som dos grilos do lado de fora de minha janela.

Nossa casa era cercada de florestas. Havia trilhas em todas as direções, e Luke e eu passávamos as noites e os fins de semana explorando-as, especialmente as mais escuras e sinuosas. Víamos de tudo, desde marmotas e esquilos até cobras. Uma das trilhas levava a um riacho, onde Luke e eu caçávamos salamandras. Elas gostavam de se esconder debaixo das rochas, e nós nos revezávamos levantando as pedras e prendendo as salamandras em nossas mãos. O corpo delas era molhado e pegajoso, com manchas brilhantes coloridas, e antes de libertá-las nós as examinávamos de perto, observando como se contorciam e como a luz refletia em sua pele. Depois de um longo dia de exploração, chegávamos em casa e encontrávamos macarrão com queijo quentinho nos esperando. Em pouco tempo descobrimos que meu pai não sabia preparar mais nada a não ser macarrão com queijo de caixinha.

Minha mãe estava sempre ausente durante meu ensino fundamental. Nossa cidade, Crownsville, em Maryland, fica logo depois de Annapolis, e cerca de uma hora ao norte de Washington; mas minha mãe não trabalhava perto. Todos os sábados minha família se apinhava em nosso SUV e nós a levávamos ao aeroporto para que ela pegasse um voo para Cleveland, no estado de Ohio, onde ela trabalhava como enfermeira anestesista. Cinco dias depois, nós íamos buscá-la.

A ideia de que minha mãe trabalhava com medicina do sono me fascinava. Assim que tive idade suficiente para falar, comecei a pedir a ela que me deixasse ir para Ohio vê-la em ação. Eu era louco para ver uma cirurgia ao vivo. Havia passado horas na internet assistindo vídeos de operações. Ver médicos abrindo pessoas era muito mais interessante do que ver Luke abrir rádios. Eu não tinha nojo. No entanto, quando minha mãe finalmente decidiu deixar Luke e eu irmos com ela para Cleveland, não foi para uma viagem ao hospital. Em vez disso, ela nos deixou uma semana inteira em uma fazenda. Sério.

— Crianças adoram fazendas — minha mãe disse, acenando para nós. — Vocês vão se divertir.

Foi terrível! Meu irmão e eu trabalhávamos 12 insanas horas por dia recolhendo bosta de vaca enquanto tentávamos não congelar até a morte, ou ficávamos enterrados em montes de neve de dois metros de altura. Eu nunca quis tanto voltar para Crownsville. Pelo menos eu descobri que não seria fazendeiro quando crescesse.

No ano seguinte, quando minha mãe arranjou um emprego em Washington, fiquei em êxtase. Não só porque a distância menor significaria mais tempo juntos, mas, mais importante, porque, como o novo emprego dela não envolvia passagens aéreas, isso significava que eu finalmente poderia assistir a uma cirurgia na vida real!

Eu estava no segundo ano quando o grande dia chegou. Me vesti de verde, esfreguei e lavei as mãos com sabão especial. Foi um procedimento simples. Um médico retirou um coágulo de sangue do pé de alguém. O papel de minha mãe durante todo o processo foi meio que um anticlímax. Ela basicamente ficou observando uma máquina que monitorava o sono, o que não era tão emocionante assim. O que me surpreendeu foi a habilidade e a precisão dos médicos ao redor da mesa de cirurgia. Toda a operação durou apenas quarenta minutos, e eu fiquei de olhos arregalados a cada segundo. Os médicos pareciam muito calmos cortando o pé daquela pessoa.

Quanto mais eu aprendia sobre cirurgias na internet, mais o trabalho de minha mãe se tornava uma fonte inesgotável de fascínio. Eu sentava de pernas cruzadas, com meu pijama de pezinhos, e a ouvia falar sobre seu trabalho, e isso era melhor que a hora da historinha! Ela falava de química, como os diferentes elementos da anestesia se integravam no corpo para fazer as pessoas caírem em uma espécie de sono profundo, estado em que não sentiam as facas dos médicos cortando seus órgãos internos. Era difícil entender — eu tinha certeza de que sentiria! Isso também despertava uma grande admiração em mim. Eu fazia uma pergunta atrás da outra.

Algumas das histórias mais interessantes de minha mãe eram sobre as pessoas que ela havia conhecido. Minha favorita era sobre a mulher muito, muito grande que apareceu no hospital com dores no peito. Os médicos concluíram que precisavam operá-la, e tudo corria conforme o esperado até que o procedimento acabou e a mulher acordou. A equipe a viu, inexplicavelmente, escavando com a mão nas profundezas de suas próprias carnes flácidas. Quando a mão da mulher reapareceu, segundos depois, estava segurando um bolinho recheado. A equipe médica, horrorizada, largou tudo que estava fazendo, com medo de que a mulher colocasse o bolinho na boca. Mais tarde souberam que era uma brincadeira que ela e o marido faziam: escondiam doces em diferentes partes do corpo. Sua explicação para os médicos foi bastante simples: ela havia acordado com fome, então, por que não comer?

Não demorou muito para mamãe começar a aplicar a essência de sua filosofia de criação de filhos: as crianças devem ser matriculadas em todas as atividades existentes para, assim, terem a possibilidade de escolher aquilo de que gostam. "O importante na vida é encontrar sua paixão, Jack", minha mãe gostava de dizer. E isso levou a um monte de experiências — e fracassos.

Tudo começou quando meus pais compraram um piano para Luke e contrataram uma professora russa formada em conservatório para ir a nossa casa lhe dar aulas. Eu resolvi tentar. Para meu deleite, isso parecia ser a única coisa que meu irmão perfeito não conseguia dominar. Quanto mais ele odiava o piano, mais eu gostava. O que eu mais apreciava era pensar em vencer meu irmão em alguma coisa. Quando Luke anunciou que ia desistir do piano, eu dei um passo à frente e me ofereci para tomar seu lugar.

No começo, eu adorei. Estudava o tempo todo — nunca o suficiente para a professora, mas o bastante para obter aplausos educados da sala cheia de pais orgulhosos nas apresentações. Depois de algum tempo, porém, percebi que, após ter provado que eu era melhor que meu irmão mais velho em alguma coisa, grande parte da emoção que sentia ao tocar começou a desaparecer.

Em seguida, minha mãe achou que era hora de eu praticar esportes, o que rapidamente se mostrou uma péssima ideia. Minha história com o beisebol terminou quando ficou claro que eu estava muito mais interessado em sonhar acordado e fazer correntinhas de margaridas no meio do campo do que em rebater ou pegar a bola. O tênis, ao qual minha mãe carinhosamente se refere como o esporte para uma vida inteira, foi ainda pior. Eu sentia um calor terrível, e todas as outras crianças já haviam feito anos de aulas e eram muito melhores. A quadra era de areia ou terra batida, portanto, não havia nem margaridas para fazer correntinhas. Se o objetivo fosse ter o rosto esmagado por bolas de tênis, àquela altura eu já estaria perto de ser campeão em Wimbledon. O lacrosse, que também foi ideia de minha mãe, foi quase tão ruim quanto o tênis. Mamãe pensou que seria uma boa escolha, principalmente porque eu poderia usar o equipamento antigo de Luke. Passei a maior parte do tempo no campo machucando meus treinadores por cantar desafinado com meu bastão de lacrosse e tentando não ser derrubado.

Os únicos esportes de que eu parecia gostar eram o caiaque e o rafting. Sempre fui fascinado por água. Meus pais se conheceram em um rio, então, talvez isso estivesse em meu sangue. Nos fins de semana, minha família sempre ia para a Pensilvânia ou a Virgínia Ocidental, onde meus pais saíam para descer de caiaque os rios Cheat, Youghiogheny ou Gauley. Depois que voltavam, eles nos levavam para navegar de canoa em um lugar mais calmo.

Para mim, estar no caiaque era uma emoção. Meu lugar favorito, o cânion Cheat, tem mais de vinte corredeiras que estão pelo menos na classe III, e até algumas nas classes IV e V, que são só para verdadeiros especialistas. Meus pais me guiavam para os pontos mais fáceis. Eu me sentia como um bonequinho de super-herói em meu caiaque laranja brilhante, navegando pelos obstáculos da natureza. O rio era um organismo vivo, respirando, e de humor muito instável. Às vezes parecia suave e calmo, e então, de repente, a água me pegava e me jogava como uma folha, e eu girava em outra direção. Eu observava atentamente a correnteza, analisando as corredeiras e tentando encontrar o melhor caminho rio abaixo.

Em algumas ocasiões, quando o nível da água estava muito alto, eu andava pelas margens com meu cachorro, Casey, um golden retriever, e atirava pedras e paus no rio. Eu adorava construir pequenas barragens e corredeiras com as pedras do rio. Fingia que pequenos galhos eram membros da família e os lançava nas "corredeiras", narrando os resultados, para horror de meus pais.

— Lá se vai a mamãe em uma cachoeira traiçoeira — eu dizia.

— E o papai? — ela perguntava.

— Ah, meu pai está em segurança. Ele fez um redemoinho na pedra e está pegando uma corredeira classe V — eu respondia.

Anos mais tarde minha mãe ainda guardava rancor, porque era sempre ela que tinha um fim trágico.

Eu era a única criança da escola obcecada por barragens de baixa queda, que são lugares nos rios onde a corrente funciona como uma grande máquina de lavar. Represas de baixa queda também são conhecidas como *drowning machines* [máquinas de afogamento], pelo modo como a força da água mantém os nadadores presos no fundo. Havia uma enorme barragem de baixa queda logo acima do acampamento onde muitas vezes ficamos. Eu sempre passeava por lá, e, claro, revivia todos os tipos de dramas com galhos e pedras no rio. Minha mãe sempre tinha um destino cruel. Talvez ela não devesse ter me forçado a jogar tênis!

Não demorou muito para que eu encontrasse um novo amor — dessa vez, a matemática. Encontrar padrões sutis e resolver problemas sempre foi estimulante para mim. Eu não só gostava, como era bom nisso. Infelizmente, não aprendi muita matemática no ensino fundamental. No quinto ano nós ainda estávamos aprendendo a ler as horas!

Aprendi mais matemática em casa do que na escola. Minha mãe me dava livros com exercícios divertidos para me desafiar. Mais do que ninguém, no entanto, foi tio Ted quem me apresentou uma nova forma de encarar os números.

Sempre que ele me via lutando com um problema, pegava um lápis e me oferecia ajuda:

— Qual é a dificuldade? — ele perguntou uma vez.

— Tudo — respondi.

Sua mente trabalhava como uma máquina incrível, que conectava as informações em padrões compreensíveis. Usando técnicas de visualização, ele fazia meus problemas de matemática saírem das páginas e ganharem vida.

— Veja: eu tenho um truquezinho para lhe mostrar — ele disse. — Diga sete números. Quaisquer números, não importa quais sejam.

Eu disse os sete primeiros números aleatórios que surgiram em minha cabeça. Observei enquanto ele pegava o lápis e começava a rabiscar furiosamente. Eu não podia acreditar em meus olhos. Em menos de dez segundos, depois de anotar alguns algarismos, ele havia dividido por nove um numeral de seis dígitos.

Não era possível!

— De jeito nenhum! — disse eu.

— Confira.

Digitei com força as teclas de minha calculadora.

— Está certo! — eu me rendi, incrédulo. — Como é que você...

Ele olhou para mim, sorrindo. O tipo de sorriso que revelava que ele tinha um segredo para compartilhar.

— Vou te ensinar — ele confidenciou.

Ele me acompanhou através de um processo, até então desconhecido para mim, por meio do qual era possível fazer qualquer tipo de cálculo de cabeça. Um truque para resolver muito rapidamente problemas com divisões longas. Nunca mais esqueci! Tio Ted também foi minha introdução à matemática mental. Foi ele quem me ensinou os atalhos da aritmética. Trabalhando com estimativas, e recorrendo a fatos numéricos que estavam em minha memória, como multiplicação ou divisão, aprendi a resolver contas mais depressa.

Desse momento em diante, comecei a ver padrões por toda parte. Com a matemática eu não pensava mais no que estava fazendo como estudo ou qualquer coisa remotamente associada a trabalho ou escola. Os números passaram a ser um meio de resolver os mistérios do universo. Algumas noites, eu me escondia debaixo das cobertas e estudava problemas com uma lanterna quando deveria estar dormindo.

Minha paixão pelos números cresceu feito uma bola de neve até eu ter a revelação de que havia algo de que gostava mais e que parecia naturalmente bom: ciência.

Sempre gostei de fazer experiências. Comecei com as mais básicas, como descobrir quantos livros eu poderia apoiar sobre ovos antes que eles se quebrassem, ou como fazer a água ferver em diferentes temperaturas usando sal. Quando entrei no quinto ano, minhas experiências começaram a ganhar vida própria. Um dia, decidi cultivar *Escherichia coli* — uma bactéria que pode provocar infecções fatais, também conhecida como *E. coli* — só por diversão. No fogão da minha mãe! Foi o último dia de experimentos científicos na cozinha. Dali em diante, meus pais insistiram para que eu usasse o porão como laboratório.

Na escuridão do porão, eu trabalhava em uma experiência em um canto, enquanto meu irmão, Luke, ocupava-se de coisas muito mais sérias no outro. Nem sempre eu sabia o que ele estava fazendo, mas sabia o suficiente para ter medo. Às vezes, muito medo.

Meu irmão e eu estávamos sempre nos provocando. Um dia, Luke havia desmontado um velho forno de micro-ondas que encontrara no lixo de alguém e estava construindo uma arma de raios, que ele usaria para assar coisas. Eu estava do outro lado do porão, tentando não ter muito medo do que meu irmão estava fazendo enquanto eu mesmo fazia experiências com capacitores, que são como pequenas esponjas que absorvem rapidamente a eletricidade. Eu queria ver o que aconteceria se sobrecarregasse algumas partículas para criar plasma com papel-alumínio.

De repente, o lugar ficou na maior escuridão.

— Deve ter queimado um fusível — disse Luke.

Nós não percebemos, mas estávamos usando energia demais. Nossos pais não estavam em casa, então, Luke foi verificar o quadro de força. Poucos minutos depois ouvimos uma batida na porta. Era a companhia de energia. Não havíamos derrubado a força de nossa própria casa somente; tínhamos nocauteado a luz de toda a vizinhança! Oooops!

— Algum de vocês dois percebeu alguma coisa incomum? — perguntou o homem, olhando com desconfiança ao redor da casa.

Luke e eu nos entreolhamos, nervosos.

— Não, senhor — murmurei.

Não havia nada de incomum, eu disse a mim mesmo para justificar a mentira. Na casa dos Andraka, pelo menos, era uma tarde normal.

Quando meus pais chegaram do trabalho naquela noite, nós dois confessamos a travessura. Em vez de ficarem bravos e nos castigar, como esperávamos, mamãe e papai pareceram, ao mesmo tempo, apavorados e divertidos quando imploraram que tivéssemos mais cuidado e evitássemos explodir a casa. Papai encerrou seu discurso com um alerta:

— Não comentem nada sobre o que aconteceu — disse ele. — Nunca.

(Desculpe, pai!)

Meus pais, muitas vezes, ficavam em uma posição difícil. Eles não queriam que ninguém se machucasse, mas, ao mesmo tempo, sentiam que era importante para mim e para Luke fazer experiências e aprender do nosso jeito. E estava dando certo. Minha mente estava crescendo de uma forma que eu nunca imaginei ser possível, e meus pais perceberam isso. Quando ficou claro que o ensino fundamental não era mais um desafio, minha mãe encontrou uma pequena escola particular nas proximidades, especializada em matemática e ciências, onde eu poderia progredir em meu próprio ritmo.

A diferença entre a escola particular e a pública era como a diferença entre a noite e o dia. A primeira coisa que eu percebi na nova escola, quando comecei o sexto ano, foi que os alunos eram hipercompetitivos, especialmente quando participamos da Feira Regional de Ciências e Engenharia do Condado de Anne Arundel, um concurso obrigatório, no estilo *Jogos vorazes*.

Esse concurso era um verdadeiro banho de sangue. Uma vez por ano, todos os alunos se reuniam na Universidade de Maryland para se enfrentar, projeto contra projeto. Quem conseguisse sobreviver era ovacionado pela escola inteira, além de ganhar um notebook barato. Toda vez que eu pensava no concurso, sentia uma descarga de adrenalina. Eu adoro competir, então, mergulhava de cabeça na disputa.

Foi no início do sexto ano também que conheci Logan.

Eu estava na sala de matemática avançada quando a vi pela primeira vez. Nós gostamos um do outro imediatamente. Cada vez que o professor se virava para o quadro-negro, trocávamos bilhetinhos.

— Quer sentar comigo na hora do almoço? — eu escrevia.

— Sim — ela respondia.

Não demorou muito para que o relacionamento evoluísse para fora da sala de aula. Ficávamos juntos a maior parte do tempo. Tínhamos uma conexão natural, muito fácil. Logo as pessoas começaram a achar que estávamos namorando, e nós dois ficamos felizes em admitir.

— Acho que estamos namorando — eu disse.

— Legal — ela respondeu.

E foi assim. Minha primeira namorada.

Ela me deu de presente um urso de pelúcia marrom e uma caixa de chocolates. Como eu já estava no ensino fundamental II, começava a perceber a pressão para me enquadrar. Estar com Logan fazia eu me sentir normal e aceito. E ela era a garota perfeita: bonita, inteligente e, acima de tudo, divertida.

Nosso programa favorito era ir ao cinema e depois ficar na casa dela, onde fazíamos luta de espaguete de espuma em sua gigantesca piscina. Não conseguíamos parar de rir. Tudo era engraçado para nós. Tudo parecia perfeito.

Porém, depois de algumas semanas de relacionamento, comecei a sentir que alguma coisa estava muito errada. Eu adorava estar com Logan. Eu gostava das carinhas sorridentes que ela desenhava nos bilhetes que trocávamos durante a aula e, sentado em frente a ela no refeitório, de ouvir seu riso fácil. Mas faltava alguma coisa. Eu deveria sentir por Logan algo que não tinha certeza de estar sentindo. Especificamente, eu deveria querer beijá-la. E a verdade é que... eu não queria. Passado o primeiro mês do sexto ano sem que eu houvesse tomado a iniciativa para o primeiro beijo, eu sabia que Logan também estava começando a se perguntar o que estava acontecendo.

Pela primeira vez uma pergunta começou a rondar minha cabeça, e não tinha nada a ver com polinômios ou níveis de saturação da água, nem com escolher uma atividade extracurricular.

O que há de errado comigo?

2

O nerd no armário

O sexto ano progredia, e eu ainda não sentia nada por Logan. Eu estava muito confuso.

A pergunta estava sempre ali.

Ela é perfeita. Por que não me sinto atraído por ela?

Felizmente, Logan não tocava no assunto. Era um alívio.

Eu fazia tudo que podia para empurrar pensamentos como esse para os recantos mais remotos e escuros da minha mente. Dizia a mim mesmo que tudo estava ótimo. Aliás, tirando minhas dúvidas em relação a Logan, meu ano estava indo bem. Eu havia feito dois novos amigos, Jake e Sam, e nós três éramos inseparáveis. Jake era o tipo de garoto que faria quase qualquer coisa se fosse desafiado. Ele tinha tanta energia que fazia Sam e eu rirmos o tempo todo. Sam era um pouco mais sossegado. Ele tinha um grande senso de humor e era o tipo de amigo com quem era fácil estar. Nos fins de semana, um dormia na casa do outro, e passávamos a noite toda acordados jogando World of Warcraft, atentos para ter certeza de que nossos pais desavisados não descobririam. Às vezes íamos ao

Hershey Park, onde andávamos de montanha-russa e comíamos besteiras. Nós não precisávamos de muita coisa para nos divertir. Jake tinha uma cama elástica enorme no quintal de sua casa. Nós quicávamos uma bola preta nela e tentávamos pular sem tocá-la. Exausto e suado, deitado de costas na cama elástica, eu não queria enfrentar minha confusão nem pensar em coisas sérias. Eu só queria me divertir.

Um dia, eu estava jogando verdade ou desafio com Jake, Sam e Logan. Eu estava sentado dentro de uma grande caixa de papelão, resultado de um desafio anterior.

Esperávamos para ver quem Jake ia escolher. Ele se voltou para mim.

— Jack — disse ele —, verdade ou desafio?

Todo mundo sabe que eu sempre escolho desafio. Eu sou assim.

— Desafio.

Jake deu um sorriso maroto.

— Beije Logan — ele disse.

— O quê? — respondi, apesar de ter ouvido perfeitamente.

— Beije sua *namorada* — ele ordenou.

— Uh, vai se dar bem! — brincou Sam.

O que Sam e Jake não sabiam era que, embora estivéssemos juntos havia três meses, Logan e eu nunca havíamos nos beijado.

Nem um selinho. E todo mundo estava olhando. Senti o rosto queimar. Tudo o que eu queria era desaparecer dentro da minha caixa. Talvez fechá-la com um selo postal e despachá-la para outro lugar.

— Sem problemas — alardeei.

Tentei parecer confiante enquanto saía da caixa e me dirigia a Logan.

Ela sentiu meu nervosismo, o que a deixou constrangida também. Ela se contorcia. Eu só queria acabar logo com aquilo.

Aja com naturalidade, Jack. Basta agir com naturalidade.

Dei um beijinho longo e não natural nos lábios dela, agindo como se não fosse nada demais, antes de voltar para a caixa.

Ela sorriu sem jeito. Eu sorri sem jeito.

— Verdade ou desafio? — perguntei a Jake, tentando desviar a atenção para outra pessoa, qualquer um, o mais rápido quanto humanamente possível.

Deus. O que está acontecendo comigo?

Por dentro, eu sabia que algo estava errado. Naquela idade, eu havia visto programas de televisão suficientes para saber que essa experiência — o primeiro beijo — devia ter sido diferente. Eu deveria ter me sentido nervoso, claro, mas com aquela ansiedade mista de emoção e atração. No entanto, não me senti como se estivesse beijando minha namorada. Parecia estar beijando minha melhor amiga. Minha melhor amiga, por quem eu não sentia atração nenhuma.

Todos esses pensamentos girando em minha cabeça só me deixavam irritado cada vez que eu via Logan.

O que há de errado comigo?

Por que não me sinto daquele jeito com ela?

Sem saber o que fazer, comecei a descontar em Logan. Comecei a passar menos tempo com ela e a ignorá-la. A certa altura, a confusão se transformou em raiva. Parei de ignorá-la e comecei a agir como se eu fosse bom demais para ela. Fui um idiota. No fim, no meio do sexto ano mandei um bilhete para Logan informando que estava tudo acabado. Terminar um namoro com um bilhete é uma atitude amadora até mesmo para os padrões de um garoto de 11 anos. Não é de surpreender que ela tenha parado de falar comigo.

A autoinfligida perda de Logan não determinou completamente o fim de minha vida social. Eu ainda andava com Jake e Sam; mas eles começaram a notar algumas mudanças em mim também. Sabiam que alguma coisa estava errada. Às vezes minhas respostas eram curtas, ou eu parecia distraído. Eu percebia que lentamente estava me afastando deles também.

Ao mesmo tempo em que minha capacidade de manter as amizades ruía, meu espírito competitivo começava a crescer. A grande feira de ciências estava chegando. Eu ainda precisava encontrar uma ideia para um projeto, e rápido. Não era só por causa do sucesso, era, também, uma parte enorme de minha nota final. A inspiração veio quando eu estava descendo o rio Cheat de caiaque com tio Ted. Chegamos a uma barragem de baixa queda. No entanto, naquela ocasião, em vez de jogar galhos para simbolizar os vários membros de minha família, eu queria entender por que ela fazia o que fazia. Perguntei a tio Ted.

— Isso é conhecido como ressalto hidráulico submerso — disse ele. — É fascinante.

Enquanto descíamos o Cheat, ele me explicou que a perigosa esteira d'água abaixo da barragem poderia ser mortal. Na superfície, a água parecia calma, mas embaixo era violenta e poderosa. Qualquer coisa pega pela esteira poderia ficar presa e girando em círculos, tornando a fuga ou o resgate difícil ou até mesmo impossível.

Eu queria aprender mais. Assim que cheguei em casa, comecei a pesquisar na internet. Quanto mais eu aprendia, mais fascinado ficava com o "efeito máquina de lavar" da água e sua capacidade de prender as pessoas embaixo dela.

Descobri que havia milhares desses pontos perigosos e ocultos espalhados pelo país. Pelo que entendi, não se passava um ano sem que alguém se afogasse pela força dessas correntes estranhas e poderosas que espreitam logo abaixo da superfície. Eu queria saber tudo; queria dominar a ciência por trás do funcionamento dessas *drowning machines* das barragens; precisava saber exatamente o que acontecia debaixo d'água.

Comecei a pensar: e se eu descobrisse um jeito de mudar o fluxo da água para que ele não puxasse os nadadores para baixo? Logo outro pensamento me ocorreu: esse seria o meu projeto! Isso me permitiu transformar meu fascínio por barragens de baixa queda em um tema que poderia ajudar a salvar vidas. Peguei no porão o modelo de rio que meu pai havia me ajudado a fazer e comecei a ajustar o fluxo de água para tentar replicar o que ocorria na barragem. Usando estudos de caso, consegui criar um modelo na escala exata do rio, a barragem de baixa queda e um ser humano. Acoplei uma bomba de tanque que me permitiu ajustar o fluxo do meu rio do porão para reproduzir a corrente do rio real. Quando obtive o modelo de rio e o modelo humano na escala perfeita para reproduzir o efeito *drowning machine*, troquei o fundo de madeira por um pedaço de acrílico claro, o que me permitiu monitorar as condições de todos os pontos de vista.

Depois de conseguir reproduzir a *drowning machine*, eu precisava achar um jeito de deter esse efeito perigoso. Passei grande parte do tempo em meu porão escuro fazendo experiências com o modo como obstruções diferentes alterariam o fluxo da água. Testei várias peças feitas sob medida: de plástico, madeira e concreto. Tentei com quarenta peças diferentes até finalmente encontrar uma que poderia alterar o intenso efeito cíclico da água. O que funcionou foi um pedaço de madeira curva com uma inclinação de cinco para um. Ao posicionar o vértice, ou o pico da curva, no centro da barragem, a jusante aumenta gradualmente, interrompendo o fluxo o suficiente para expulsar quem estiver preso. Missão cumprida: o aperfeiçoamento eliminou o ressalto hidráulico submerso.

Por meio da reprodução de uma barragem de baixa queda em miniescala e de um processo de tentativa e erro, eu havia resolvido um problema que estava matando pessoas. Minha experiência provou, com êxito, que havia uma maneira de tornar essas barragens de baixa queda muito mais seguras. Pela primeira vez na vida percebi que tinha o poder de promover uma mudança real no mundo.

Eu mal podia esperar para compartilhar minha ideia com meus colegas! No entanto, eu sabia que a jogada era arriscada. Revelar detalhes sobre projetos de ciência não era algo que muita gente fazia naquela escola. Lembra quando eu falei que a feira de ciências parecia os *Jogos vorazes*? Bem, não exagerei muito. A competição era realmente cruel, e havia rumores de que a sabotagem não estava fora de cogitação. Eu acreditava nisso.

A única pessoa para quem eu teria revelado tudo tranquilamente seria Logan, mas eu havia estragado tudo. Ela ainda não falava comigo. Mas eu não aguentava; tinha que contar para alguém. Eu estava conversando com Jake antes da aula quando soube que não podia conter minha emoção nem mais um segundo.

Jake teve a reação que eu esperava. Quanto mais ele ouvia, mais parecia impressionado.

— Sério, você tem grandes chances de ganhar — ele disse.

— Você acha mesmo?

A ideia de vencer a competição da feira de ciências não havia me passado pela cabeça. Minha única expectativa era conseguir uma boa nota.

— Não, de verdade, Jack! Sua ideia é incrível! — ele acrescentou.

Dava para ver que ele realmente pensava assim .

Jake fez um monte de perguntas sobre meu projeto, e eu estava tão animado em compartilhar minhas ideias com ele que comecei a falar mais alto. Um garoto chamado Damien me ouviu.

Passei a acreditar que existe pelo menos um garoto como Damien em cada escola. Damien era simplesmente um idiota. Um enorme idiota. Ele sempre teve problemas comigo. Dava para ver que era supercompetitivo, como todo mundo, mas, por alguma razão, Damien adorava me odiar. Essa foi a única coisa em que pude pensar para explicar seu comportamento, que consistiu em andar até mim e me dizer que eu era um bosta. Damien amava essa palavra.

— Seu projeto é sobre barragens de baixa queda? — ele perguntou, com um sorriso.

Nós dois sabíamos que não era realmente uma pergunta. Era uma provocação.

Eu não queria discutir com ele. Não nesse momento, nem nunca.

— Talvez. Por quê? — respondi, virando-me para ele.

— Bem, parece que o seu projeto é uma bosta — ele retrucou.

Lá estava ela, sua palavra favorita.

— Eu vou ganhar — ele acrescentou, com um sorriso. — Mas eu estava brincando. Tenho certeza de que você vai se sair bem.

Eu não era muito bom no tipo de conversa na qual o que se diz é muito diferente daquilo que se quer dizer.

— Bem... — gaguejei.

Tentei pensar em uma resposta rápida, mas me deu um branco.

Por sorte, nesse momento nosso professor abriu a porta da sala de aula, poupando-me do papel de idiota. Eu me sentei na carteira, enfurecido. Damien estava sempre me perturbando, mas dessa vez conseguiu me deixar bravo demais.

Esse garoto nem me conhece! Por que me provoca desse jeito?

Eu queria bater nele. Muito.

Se eu quisesse mesmo ter a chance de acabar com Damien, precisava arregaçar as mangas, e rápido. Faltavam só sete semanas para a feira. Eu sabia que a experiência era sólida, mas não tinha tanta certeza sobre minha apresentação, que era quase tão importante quanto o projeto nessas competições.

Ensaiei várias vezes diante de meus pais. O primeiro indício de que alguma coisa estava errada foi a expressão de tédio que se espalhou pelo rosto deles enquanto eu explicava meu raciocínio. Depois de alguns ensaios, meus pais decidiram que não iam mais me ouvir praticando. Compraram uma câmera de vídeo e recomendaram que eu me assistisse. Isso sim foi um despertar perturbador! Desde o começo eu achava que falava bem em público, mas, quando me observei no vídeo, percebi que não era ruim: eu era horrível.

Eu engolia em seco. Gaguejava. Eu me perdia, e minha voz era monótona. Eu recomeçava do início a cada vez que cometia um erro.

Precisando de ajuda, desci a um nível a que ninguém nunca deve descer: pedi conselhos a meu irmão mais velho. Depois de me assistir, ele respondeu da única maneira que sabia:

— Você é péssimo — sentenciou, e fechou a porta em minha cara.

Luke voltou um pouco depois e me entregou um pedaço de papel.

— Tome. Um cartão com dicas que eu escrevi para você — disse ele. — Agora, pare de me encher e aprenda.

Passei horas estudando aqueles cartões, que tinham dicas do tipo:

— Fale como se estivesse falando com um amigo sobre um novo jogo do qual você sabe todas as informações. Mantenha o tom de conversa.

— Diga o que pensa; não discurse.

— Nunca recomece sua fala! Siga em frente e deixe para incorporar depois as partes que faltaram.

— Seja organizado.

— Pule a parte chata.

Estudei vídeos do YouTube sobre apresentações em feiras de ciências. Treinei mais. Trabalhei mais.

Lentamente, comecei a ver os resultados. Minha apresentação estava ficando mais suave. Quanto mais eu ensaiava, mais confiante ficava. Quanto mais confiante ficava, menos engolia em seco ou gaguejava. Quando a data da feira se aproximava, por fim me senti preparado.

No dia da competição, cheguei à Universidade de Maryland com a esperança de ganhar uma ótima nota, melhor que a de Damien, e talvez até me classificar em uma das oito categorias. As categorias iam de química a engenharia; havia física também. Depois que todos os vencedores da categoria especial são anunciados, os juízes premiam o terceiro e o segundo lugares antes de coroar o campeão da feira.

Ao entrar pelas portas duplas, me senti andando para dentro de um dos vídeos do YouTube que havia estudado. Havia estandes por todo o andar da grande convenção e grupos de adolescentes balançando, nervosos, para trás e para a frente diante de seus projetos. Não falei muito. Fiz minha cara de planta ornamental, que se parece muito com a minha cara normal, só que sem o sorriso.

Encontrei meu lugar e montei meu estande, que tinha um cartaz com os dizeres "Podemos deter a *drowning machine*?" no topo, junto com informações sobre meu estudo e minhas conclusões. Então, era hora de dar uma olhada na concorrência. Eu achava que não tinha muitas chances de ganhar, uma vez que era minha primeira competição de ciências de verdade, e havia muitos bons projetos, especialmente a partir do sétimo e oitavo anos. Na categoria de ciência comportamental, um era "Qual bebida comum é mais prejudicial para os dentes?". Na mesma categoria havia outro projeto bem organizado, com ratos correndo por um labirinto, chamado "O efeito da música clássica em ratos que correm em um labirinto". Um dos meus preferidos se chamava "Eficiência da velocidade do trem Maglev". Apresentava um trem de Lego que usava ímãs para levitar.

Então, encontrei Damien. Ele estava diante de seu estande, todo presunçoso.

— E aí, perdedor? — disse ele. — Quer ver uma demonstração?

— Não, obrigado — respondi, fingindo desinteresse.

Luke, meu irmão, que era aluno do oitavo ano, também participou da competição com o experimento "Existem fungos entre nós?". O projeto de Luke demonstrava como o fungo que se apega a uma raiz pode ajudar a planta a crescer.

Minha experiência na feira sofreu uma guinada dramática para pior depois que Damien ganhou o primeiro lugar em uma das categorias.

Que ótimo. Vou ter que ouvir falar sobre isso o resto do ano.

No fim da cerimônia, era hora de chamar os vencedores gerais. O primeiro nome a ser chamado foi o de Luke! Ele ganhou o terceiro lugar! Senti tanto orgulho ao vê-lo subir as escadas! A seguir, o anúncio do segundo lugar, para um projeto chamado "Qual ângulo de lâmina é mais eficiente para um moinho de vento?". Eu tinha adorado esse projeto, e achei que fosse ganhar o primeiro lugar.

O que vai poder superar isso?

Dava para ouvir um alfinete cair no auditório no momento antes de os juízes anunciarem o vencedor geral.

— E o primeiro lugar vai para Jack Andraka, com seu "Podemos deter a *drowning machine*? Aperfeiçoando a segurança das barragens de baixa queda".

Meu queixo caiu. Do meu lugar no palco olhei para a plateia. Vi meu irmão sorrindo. Damien correu para a saída.

Depois de abraçar minha mãe e meu pai, eu mal podia esperar para ligar para tio Ted e lhe dar a notícia. Peguei o celular de flip de minha mãe.

— Tio Ted, adivinhe! — comecei.

— O quê? Como você se saiu?

— Eu ganhei! — respondi.

— Que ótimo! Em qual categoria?

— Venci o concurso! Primeiro lugar geral!

Ele ficou maluco.

— Parabéns, Jack! Que incrível! — disse ele. — Temos que comemorar!

Como recompensa, ele me levou para velejar em seu barco em volta de Chesapeake. Achei isso ainda melhor que o notebook que a escola me deu. Levei Jake e Sam comigo, e foi uma festa. Foi um dia incrível. Enquanto cruzávamos a baía, acenávamos para outros barcos que passavam, e nos revezávamos no leme.

Eu logo voltaria ao barco. Quando o sexto ano chegou a um fim triunfante, a temporada de caranguejo estava só começando. Mesmo mais crescido, eu ainda programava o despertador e olhava pela janela sentindo a mesma emoção infantil quando via o carro velho do tio Ted chegando.

No entanto, naquele ano, notei que alguma coisa estava diferente. Seguimos nossa rotina de jogar e recolher as armadilhas, mas, em vez da abundância familiar de caranguejos, não havia mais que um punhado.

— O que está acontecendo? — perguntei. — Onde estão todos os caranguejos?

— Eles estão morrendo porque a água está mais poluída — tio Ted respondeu.

— Por quê? — perguntei.

Esse era um dos temas favoritos de tio Ted. Trabalhando como especialista em qualidade da água, ele sabia, em primeira mão, sobre o efeito devastador que a poluição poderia ter sobre a frágil vida marinha, e conversávamos por horas sobre o que poderia ser feito para evitá-la.

— A poluição vem de vários lugares diferentes — ele disse. — Há uma nova indústria em Baltimore, e acho que um pouco vem dali. Mas uma boa parte tem a ver com o escoamento das casas das pessoas.

Eu ainda não entendia; queria saber mais.

— Quando as pessoas colocam um monte de adubo no jardim para que a grama fique verde e as flores cresçam, o escoamento vai para a água e faz as algas crescerem na baía — ele explicou.

Fiquei confuso. Eu achava que as algas fossem boas.

— Como as algas matam os caranguejos? — perguntei.

Mesmo sendo só um garoto, ele falou comigo sobre suas ideias como se eu fosse seu igual. Presumiu que eu compreendia o que ele estava dizendo, sabendo que eu faria perguntas se não entendesse. Na minha opinião, essa deve ter sido uma das razões pelas quais o meu cérebro retinha suas palavras.

— As algas podem bloquear a luz do sol e, às vezes, deixar o nível de oxigênio muito baixo para permitir a sobrevivência de formas de vida marinha, como os caranguejos — ele continuou.

Foi a primeira vez que eu pensei nesse problema, e fiquei fascinado. Comecei a conectar todos esses pensamentos em minha cabeça: a poluição na baía de Chesapeake provoca uma reação em cadeia que se estende muito além da água, para quase todos os aspectos do ecossistema circundante. Conforme ele explicava, eu via suas palavras se transformando em imagens. A poluição que mergulha na água. O peixe que mergulha na poluição. As pessoas que comem o peixe. Ele terminou sua história sobre a poluição do mesmo jeito que terminava todas as suas histórias: balançando a cabeça e acrescentando:

— Tem que haver uma maneira melhor.

Por fim, conseguimos reunir caranguejos suficientes para nossa festa anual. Eu estava ansioso com o resto das férias de verão quando minha mãe teve outra ideia brilhante: por que eu não ia para Colorado Springs e participava de um acampamento de matemática?

Eu estava cético. Não tinha certeza se esse seria um bom investimento de minhas preciosas férias de verão. Um acampamento de matemática? O nome era, literalmente, "acampamento de matemática".

No primeiro dia no acampamento, eu me senti como no primeiro dia de aula em uma nova escola. Um monte de crianças já se conhecia do ano anterior. Eu não conhecia ninguém. No ônibus que nos levou do aeroporto para o local do acampamento, fiquei sozinho e em silêncio.

Até que uma menina mais velha se aproximou e se apresentou.

— Olá. Eu sou Katherine. De onde você é?

— Maryland — respondi, timidamente.

Katherine me colocou sob sua asa imediatamente. Ela era do oitavo ano, e agiu como uma irmã mais velha. Eu nunca havia tido uma irmã mais velha, e gostei da maneira como ela me mostrou os arredores e me apresentou às pessoas que conhecia.

Não somente fiz uma grande amiga como descobri que estava errado sobre o acampamento. Foi muito mais que matemática. Imagine uma festa do pijama por trinta dias seguidos com um grupo muito legal. Brincamos de jogos de cartas e assistimos filmes. Até os esportes eram divertidos; disputamos intensos campeonatos de frisbee e futebol. À noite, não podia faltar o verdade ou desafio. Apesar de minha experiência

ROMPENDO LIMITES

estranha com Logan no início do ano, eu continuava a escolher desafio. Também aprendi a fazer origami. Fazer dobraduras intrincadas se tornou uma ótima maneira de relaxar e permitir que minhas ideias surgissem. No fim de cada dia de acampamento, Katherine e eu procurávamos um grande sofá na sala de recreação, onde ficava a televisão grande, e nos aconchegávamos um no outro para assistir a *America's Next Top Model*.

Quando nos concentrávamos na matemática, era um desafio atrás do outro. A turma era inteligente, e muitas vezes havia discussões científicas durante as aulas, ou em nossos grupos de debate sobre os cálculos que estávamos resolvendo. Discutíamos se a matemática havia sido criada ou descoberta, compartilhávamos truques para resolver equações complexas e examinávamos diferentes abordagens para os mesmos problemas. Fiquei triste de verdade quando o acampamento acabou, e decidi que queria voltar no ano seguinte.

Quando voltei para casa, encontrei dois agregados peludos na família Andraka. Minha mãe havia surpreendido a mim e a Luke com um furão para cada um. Dei o nome de Gina Weasley à minha, em homenagem à personagem de *Harry Potter*, e Luke chamou o seu de Fedro, como o antigo filósofo grego que disse, certa vez: "As coisas nem sempre são como parecem; a primeira impressão engana muita gente." Furões são ótimos animais de estimação. São afetuosos e inteligentes e dormem o tempo todo. Gina Weasley gostava de se enrolar em meu ombro e tirar um cochilo enquanto eu lia.

Casey, nosso golden retriever, não se preocupava com eles. Os furões arqueavam as costas e pulavam, provocando-o para brincar. Casey achava graça, mas, em geral, não lhes dava muita atenção.

Passei o resto do verão trabalhando em mais experimentos. Quanto mais tempo eu ficava no porão, mais complexas minhas experiências se tornavam.

Um dia, encomendei pela internet um monte de moléculas orgânicas, incluindo nitrogênio, a fim de produzir um catalisador para separar elementos químicos orgânicos. Foi a primeira vez que misturei dióxido de titânio com grupos de nitrogênio. Eu só queria ver o que aconteceria. O que eu não sabia, na época, era que alguns dos elementos químicos que eu estava comprando também eram usados para fabricar explosivos extremamente perigosos.

De alguma forma, o FBI teve acesso ao meu histórico de compras e enviou uma carta sucinta a minha casa informando que eu estava sendo observado. Minha mãe e meu pai não viram graça nenhuma nisso. Nenhuma! Não pude deixar de notar que a partir desse momento eles começaram a ficar cada vez mais distante do porão.

Às vezes meus experimentos se transformavam em algo diferente da ideia inicial, algo inesperado. Em certa ocasião, fiquei acordado até tarde misturando nanopartículas em uma tigela na cozinha. Quando me cansei, fui para a cama, deixando a tigela em cima do balcão. Na manhã seguinte, quando acordei, a primeira pessoa que encontrei foi meu primo Allen, de 12 anos.

— Olá! Esqueci que você viria — eu disse.

Ele ergueu os olhos e acenou, ocupado demais para me cumprimentar adequadamente, já que estava levando colheradas de cereal à boca. Notei algo familiar em sua tigela. Meu cérebro matinal lentamente fez a conexão.

Minha experiência!

Olhei por todo o balcão à procura das nanopartículas. Elas haviam desaparecido. Olhei para meu primo. Ele havia despejado leite e cereais na tigela da experiência e estava chupando as nanopartículas, que se parecem com açúcar branco.

— Cara, pare! — gritei.

Ele ergueu os olhos, e as nanopartículas embebidas em leite escorreram de sua boca.

— Você está comendo a minha experiência!

Ele cuspiu o cereal e correu para o banheiro.

Desde aquele dia eu brinco dizendo que ele é a minha experiência ambulante e que eu o estou monitorando atentamente, narrando os resultados cada vez que ele vem nos visitar.

Uma semana antes do fim das férias e de começar o sétimo ano recebi uma notícia terrível. Meus dois melhores amigos, Jake e Sam, iam se mudar para outro estado. Foi um golpe duro, mas tentei manter o pensamento positivo. Afinal, o acampamento de matemática não havia sido tão difícil. Além disso, eu havia ganhado o primeiro lugar em minha primeira feira de ciências. Isso devia me ajudar a conquistar alguns novos amigos, pensei.

Outra mudança, ainda mais perturbadora, estava acontecendo dentro de mim. Quando o sétimo ano começou, muitos garotos da escola não podiam deixar de notar que as meninas haviam amadurecido durante o verão. Não importava o quanto eu tentasse ignorar meus sentimentos, ficava cada vez mais óbvio que eu não ligava para as garotas.

Um dia, me peguei sonhando acordado com um colega. *Ele é bonito*, pensei comigo mesmo. Às vezes eu ria um pouco demais da piada de um garoto, ou divagava em sala de aula pensando em meninos. À medida que o sétimo ano avançava, esses sentimentos e pensamentos se tornavam mais e mais difíceis de bloquear. Aconteciam o tempo todo.

O que está acontecendo comigo?

Apesar dos sinais óbvios, eu não tinha total certeza, nem estava pronto para enfrentar o que significava tudo aquilo. Não sabia como as pessoas reagiriam, mas tinha a profunda sensação de que não reagiriam bem. Peguei meus sentimentos e os tranquei no fundo de um cofre, e fiz o melhor que pude para esquecê-los inteiramente.

Permaneci concentrado na ciência, que fazia todo sentido para mim. O que eu mais amo na ciência é o fato de ela me permitir observar um mundo diferente, levando-me a um lugar mais profundo por trás das aparentemente aleatórias cores e formas ao nosso redor, a uma realidade de regras e princípios, a um destino onde, quanto mais eu aprendo, mais camadas retiro, mais perto chego de desvendar o segredo envolvido em cada problema ou mistério do universo. Na ciência não existem contradições. Cada ação tem uma causa; cada problema, uma resposta. Basta que eu me inspire o suficiente para encontrá-la. Eu sentia que não havia limites para o que eu poderia realizar.

Eu diria que estava ficando melhor nisso também. Minha confiança foi crescendo. Minha mente parecia uma arma poderosa que eu poderia disparar contra qualquer problema.

Quando uma de minhas praias favoritas foi fechada por causa da poluição, as autoridades locais tiveram de arrastar um equipamento caro para descobrir o que estava acontecendo na água. Não só os testes consumiam grande volume de dinheiro como o equipamento não estava sempre disponível.

A conversa com tio Ted sobre caranguejos e a poluição na baía de Chesapeake ainda estava fresca em minha mente.

Tem que haver uma maneira melhor.

Com base em tudo que eu havia aprendido enquanto estudava riachos, pensei que poderia encontrar uma solução. Eu tinha a sensação de que um indicador de poluição mais eficiente poderia ser encontrado na forma como os organismos bioluminescentes, seres minúsculos que emitem luz, reagem a contaminadores. Comecei uma cultura de bactérias bioluminescentes no único cômodo da casa que não tinha janelas: o banheiro. Depois de algumas semanas, havia tantos organismos brilhando ali que minha mãe poderia ler um livro sem acender a luz.

Ao expor os diferentes organismos a vários níveis de contaminadores, pude demonstrar que, quanto maior o volume de poluição a que os organismos bioluminescentes ficassem expostos, mais fraca se tornava sua luz. Eu havia decidido nomear assim o meu projeto escolar daquele ano: "Um detetive brilhante: poderia a *Vibrio fischeri* detectar poluentes biodisponíveis da água na bacia hidrográfica de Stony Creek?" Com um ano de experiência no currículo eu tinha certeza de que poderia fazer outra boa apresentação na feira de ciências da escola, e fiz. Pelo segundo ano consecutivo ganhei o primeiro lugar geral na Feira Regional de Ciências e Engenharia do Condado Anne Arundel.

Em dois anos consecutivos eu havia sido o grande vencedor. No mundo altamente competitivo das feiras de ciências, eu estava rapidamente conquistando a reputação de alguém que merece atenção.

Enquanto eu trabalhava em maneiras mais eficientes de detectar a poluição, Luke, que agora era um calouro do nono ano e ainda participava da competição da feira de ciências, também entrou no páreo. Seu projeto foi genial. Ele examinou os efeitos negativos da drenagem ácida das minas sobre o meio ambiente e a vida selvagem, e conseguiu chegar a uma solução no mundo real. Foi seu melhor projeto.

Luke projetou uma célula que lhe permitiu testar quatro variáveis diferentes. Com essas variáveis, ele conseguiu criar a célula perfeita para qualquer fluxo de acordo com seus parâmetros específicos. Esse experimento não tinha somente o potencial de mudar a maneira como tratamos a poluição nesses córregos e economizar milhões de litros de água potável: seria muito mais fácil de implementar do que as técnicas atuais de calcário, porque seu método necessita de menos investimento em recursos e mão de obra.

Luke deu a seu projeto o nome de "Correção eletroquímica da AMD [drenagem ácida das minas]: Uma solução para a poluição ácida das minas?".

Luke e eu planejávamos levar os projetos a nossa primeira feira de ciências não regional, a International Sustainable World (Energy, Engineering, and Environmental) Project Olympiad [Olimpíada Internacional de Projetos para um Mundo Sustentável (Energia, Engenharia e Meio Ambiente)] — ou I-SWEEEP —, em Houston, no Texas. Como eu havia desenvolvido a confiança de que precisava para falar em público, pensei que dessa vez seria mais fácil, mas também sabia que a concorrência seria muito mais dura.

A I-SWEEEP foi uma das maiores competições de ciência ambiental do mundo, com 1.655 estudantes de 71 países. Seu palco era maior do que qualquer coisa que eu já tivesse visto em Maryland. E a competição foi simplesmente inacreditável.

Foi minha primeira vez em uma cerimônia de premiação nacional, e eu não estava focado na vitória, porque não achava que tivesse chance. Meu objetivo era absorver tudo e usar esse conhecimento em projetos futuros. Era evidente que o nível na I-SWEEEP era mais alto em tudo — da sofisticação dos projetos até a forma como os alunos apresentavam suas ideias.

Eu estava no salão de convenções da feira, vendo os outros projetos, quando percebi que uma pequena multidão se reuniu em torno de uma das exposições. Quando comecei a ler o quadro da cientista, fiquei sem palavras: ela havia descoberto uma nova maneira de detectar minas terrestres usando ondas sonoras.

Fiquei ali, olhando, incrédulo.

— Olá, eu sou Marian Bechtel — a jovem disse, e estendeu a mão para mim.

Eu queria saber tudo. Minha primeira pergunta foi: "Como?"

Marian explicou que havia conhecido um grupo de cientistas internacionais que trabalhava em um dispositivo que utilizava um radar holográfico para detectar minas terrestres enterradas, e se inspirou no trabalho deles. Ela estava tocando piano quando percebeu que as cordas de um banjo nas proximidades ressoavam quando ela produzia algumas notas ou acordes. Isso lhe deu uma ideia: Marian percebeu que usar ondas acústicas ou sísmicas para fazer vibrar uma mina enterrada poderia facilitar sua detecção.

— Eu tive a chance de combinar minha recém-descoberta paixão pela eliminação humanitária de minas com meu amor pela música — ela contou.

Ao lado de sua exposição estava o protótipo de um dispositivo de detecção acústica que ela havia criado com a moldura de um antigo detector de metais.

Ouvir sua história foi inspirador. Quando chegou a hora de apresentar minha ideia aos juízes, eu estava pronto para o desafio. Eu ainda usava o cartão com dicas que ganhara de meu irmão. Não tentei impressionar os juízes com um belo palavreado. Em vez disso, tentei falar de maneira compreensível e interessante.

Como na feira de ciências de minha cidade, havia diversas categorias especiais além da geral. Eu estava feliz simplesmente por estar ali. Quando os juízes anunciaram que eu havia conquistado o primeiro lugar do ensino fundamental II nacional, dei um grito — mais pelo choque do que pela alegria. Foi uma honra inacreditável ter meu projeto reconhecido nacionalmente na minha categoria.

No entanto, a melhor notícia de todas foi que Luke conseguiu o primeiro lugar geral, o que significava que ele havia ganhado uma vaga para competir no Santo Graal das feiras de ciência: a Intel International Science and Engineering Fair [Feira Internacional de Ciência e Engenharia] — ou ISEF.

Quando meus pais me disseram que eu o acompanharia a San Jose, na Califórnia, onde aconteceria o evento, corri em volta da cozinha em círculos frenéticos, deixando todos zonzos, inclusive eu.

Cheguei à ISEF como convidado de Luke, e fiquei surpreso ao ver que não era nada parecido com a feira de ciências de minha cidade, com um sortimento misto de bons e maus projetos; também não era como a I-SWEEEP. A ISEF era a melhor das melhores. Todos aqueles estudantes tinham preparado projetos de qualidade superior, e eram apaixonados, articulados e brilhantes. Resumindo: eles eram perfeitos. Passei quase uma semana com aqueles meninos e meninas mais velhos e mais inteligentes, e fiquei em êxtase. Andei pelos corredores da feira como uma criança em uma loja de doces, perguntando a todos sobre seus projetos. A ISEF fez cartões bacanas para os cientistas. Eles traziam a foto do estudante e, no verso, sua biografia resumida. Peguei os cartões de todos os finalistas e os estudei obstinadamente.

Como Luke se saiu na ISEF? Digamos apenas que ele ganhou 96 mil dólares em prêmios. Nunca fiquei tão impressionado com meu irmão.

No último dia da competição, eu estava na plateia quando Amy Chyao, de 16 anos, caminhou até o palco para receber o prêmio máximo, o Gordon E. Moore, por um experimento incrível que utilizava a energia da luz para ativar uma droga que mata o câncer.

Assim que voltei para casa, em Crownsville, fui pesquisar sobre Amy Chyao e todas as coisas maravilhosas que ela estava fazendo. Sua história era ainda mais inspiradora do que eu imaginara.

Durante o nono ano e o primeiro do ensino médio Amy estudou química por conta própria. Em seguida, aplicou o que aprendeu para aumentar a eficiência da terapia fotodinâmica, um processo de tratamento de câncer superficial de pele à base de luz. A terapia fotodinâmica é usada há tempos, mas só pode ser utilizada quando o câncer se desenvolve próximo à superfície da pele. No entanto, pegando nanopartículas semicondutoras de eletricidade e as expondo a certos comprimentos de onda de luz, Amy descobriu que poderia gerar uma forma de oxigênio fatal para células cancerosas. Quando injetadas, essas nanopartículas viajam pela corrente sanguínea ou ficam localizadas em focos do tumor. As partículas que Amy pesquisou permitem que os médicos utilizem a terapia de luz direcionada para penetrar ainda mais fundo na pele, criando a possibilidade de tratar uma ampla variedade de tumores.

Estamos falando de uma menina não muito mais velha que eu na época.

Ela era brilhante, corajosa e, acima de tudo, transbordava criatividade. Era tudo que eu queria ser. Comecei a pensar: "E se eu me esforçar bastante? E se eu aprender a raciocinar como essas crianças incríveis? Talvez um dia eu possa ir para a ISEF também. Talvez um dia eu possa criar algo que faça a diferença no mundo, como minha nova heroína, Amy Chyao."

E comecei a sonhar com um futuro na ciência.

Depois de ganhar o prêmio máximo do ensino fundamental II na I-SWEEEP eu esperava ser saudado como um herói quando regressasse à escola; talvez não por Damien, mas pelo restante dos alunos.

Eu estava errado.

Quanto mais minha estrela científica subia, mais eu notava que a atitude de muitos de meus colegas mudava em relação a mim. No início, pensei que fosse impressão, mas comecei a perceber que era muito mais forte do que isso. Em minha escola hipercompetitiva, o ressentimento diante de meu sucesso estava começando a ferver.

Parecia que tudo havia mudado da noite para o dia. Quando ganhei um prêmio pela primeira vez na sexta série, os colegas pareciam felizes por mim. Agora, sempre que eu falava sobre feiras de ciências, notava que algo parecia diferente no modo como os outros me olhavam. Em vez de compartilhar minha alegria, eles pareciam irritados. Eu ouvia os alunos sussurrando enquanto caminhava pelo corredor. Via as caretas e os sorrisos sarcásticos pelo canto do olho.

Não importava quantas vezes eu dissesse a mim mesmo que estava sendo paranoico, as evidências se acumulavam. Durante a terceira semana do sétimo ano entrei no refeitório, coloquei a bandeja em uma mesa e vi todos os que estavam sentados ali se levantarem e mudarem de lugar. Não me deram nenhuma explicação. Simplesmente, não queriam ficar perto de mim. Eu me sentia invisível como um fantasma que as pessoas sabiam que estava por ali, mas não queriam reconhecer. Humilhado e querendo evitar outra experiência horrível como aquela, comecei a pular o almoço. Quando o sinal tocava, eu seguia todos os outros em direção ao refeitório, mas, no último segundo, ia direto para o banheiro dos meninos. Lá, eu corria para o reservado de deficientes, fechando a porta. Uma vez em segurança ali dentro, eu me sentava na tampa do vaso sanitário, desembrulhava meu sanduíche de manteiga de amendoim e geleia e, usando o porta-papel higiênico como bandeja, comia rápida e silenciosamente. Era particularmente desconfortável quando alguém precisava usar o banheiro. Eu levantava os pés e parava de mastigar até que a pessoa terminasse de fazer seja lá o que fosse.

Minha aparência não ajudava. Lembra aquele menino do ensino fundamental II que usava grandes óculos de lentes grossas, ia para a escola de suspensório e sempre levantava a mão na classe? Pois é. Era eu. Além dessas características, eu tinha a infeliz tendência a sofrer de sangramentos súbitos que pareciam acontecer nos piores momentos possíveis. O tamanho reduzido da classe era um problema também. Ficar preso com os mesmos 24 adolescentes durante três anos significava que, uma vez formada sua reputação, era impossível se livrar dela, não importava o quanto você tentasse.

Pensei que mudar meu estilo poderia ajudar. Decidi que meu cabelo desgrenhado era muito anos 90. Minha mãe me levou a uma cabeleireira, a quem eu pedi um visual mais moderno. Ela fez um corte tigelinha, que me valeu o apelido de Cabeça de Coco. Não fazia muito sentido, considerando que meu corte de cabelo não se parecia com um coco, mas meus colegas não se importavam com isso. Sempre que alguém pronunciava a palavra "coco", todos riam.

Jake havia se mudado. Sam havia se mudado. Logan não falava comigo. Eu estava completamente sozinho. Também estava começando a enfrentar minha sexualidade. Eu não podia mais ignorar todos os sinais: sabia que era gay. Mesmo assim, continuava determinado a pelo menos tentar fingir que era igual aos outros. Parte de mim ainda tinha esperança de que todos aqueles sentimentos estranhos desaparecessem.

Por muitas razões, esse parecia ser o melhor caminho. Havia um jargão homofóbico que se incorporara ao vocabulário do ensino médio. Caso você não saiba, na edição infantil do dicionário o significado de *gay* é estranho, fora de moda, covarde ou qualquer bosta no mundo.

Se alguém age como um estúpido, é "totalmente gay".

Se alguém não tem coragem, dizem: "Cara, deixe de ser gay."

Se alguém gosta da música errada — sim, você adivinhou —, "isso é tão gay". Então, dá para imaginar que ser literalmente gay não parecia a melhor opção para o Jack de 12 anos de idade.

Mesmo que eu tentasse ocultar, ficava cada vez mais claro para todos na escola que eu era gay. Então, eles tinham a arma perfeita para me perseguir e insultar.

Até a metade do sétimo ano parecia que minha família e tio Ted eram os únicos que ainda pensavam que eu era hétero.

Todos os dias depois da escola eu ia para casa, me sentava à mesa da cozinha e tentava me perder no mundo da matemática e da ciência. Eu guardava a dor para mim. Não me sentia à vontade para falar sobre meus problemas pessoais, em parte porque ainda não os entendia completamente.

Quando eu encontrava tio Ted, era como uma lufada de ar fresco. Ele sempre foi muito positivo. Sabia que alguma coisa estava acontecendo, mas não queria me pressionar. Em vez disso, ele olhava para meu caderno e balançava a cabeça.

— Como está indo, Jack? — ele perguntava.

— Bem... estou lutando com números ao quadrado — era o que eu geralmente respondia.

— Há uma maneira melhor — ele dizia enquanto pegava o lápis.

Era outro atalho mental da matemática. Esse era ainda melhor que o da divisão. Tio Ted, pacientemente, me ensinava a resolver os problemas.

— Jack — ele disse uma vez antes de sair —, seja o que for que esteja acontecendo na escola, lembre-se que pode ser fácil se perder, mas tente não se esquecer de quem você é. Ninguém pode tocar em você contra a sua vontade.

Não demorou muito para que seu conselho fosse posto à prova.

Meus colegas decidiram que precisavam expor minhas diferenças. Junto com o restante da classe, eu estava esperando a professora de música chegar e abrir a porta da sala quando oito ou nove meninos me cercaram.

— E aí, idiota? — disse um garoto da panelinha.

Sim, eles estavam falando comigo. Claro que estavam falando comigo. Tentei fingir que não ouvi, mas isso só os fez falar mais alto.

— O que você vai fazer, babaca? Vai chorar?

Olhei em volta, procurando a professora. Ela estava atrasada. Os cretinos tinham plateia, e estavam preparados para dar um showzinho.

— Você sabe que você não vai ser nada na vida, não é, babaca?

Eu não havia feito nada. Meu único crime foi ficar do lado de fora da sala, quietinho. Senti o rosto ficando vermelho feito beterraba. Tentei sorrir. Eu não sabia o que dizer, então, não disse nada.

Onde está a professora?! Onde está a professora?!

Baixei a cabeça e esperei. Eu sabia que ela chegaria a qualquer momento. A qualquer segundo.

O círculo se estreitou.

— Vai chorar, sua bicha?

Eu podia sentir o hálito quente de suas palavras. Evitei contato visual. Eu realmente desejava ser invisível. Queria que houvesse um buraco para pular nele e desaparecer. Em vez disso, as vozes continuavam chegando, cada vez mais rápido.

A professora vai chegar a qualquer momento. Aguente só mais um minuto.

O círculo se fechou em torno de mim. Um dos meninos me empurrou. Com força. Caí no chão para um lado e meus livros voaram para o outro. Claro que meu nariz começou a sangrar.

Olhei para meus colegas. Havia sangue em minhas mãos, em meus livros, em minhas roupas, no chão. A classe toda morria de rir.

— Você acha que é grande coisa? Olhe para você agora! — Ouvi um deles me insultar enquanto eu corria para meu único refúgio seguro: o reservado de deficientes no banheiro dos meninos.

Sentei-me na tampa após trancar a porta, e chorei com o rosto nas mãos. Chorei por muito tempo.

Após o incidente na aula de música, minha identidade e reputação ficaram oficialmente gravadas em pedra. Eu estava na lista dos babacas, e não havia nada que pudesse fazer para mudar isso. E não eram só os alunos que estavam contra mim; às vezes, os professores e funcionários da escola se juntavam ao coro de inimigos. Muitos deles eram profundamente religiosos, e suas visões de mundo não se encaixavam com minha identidade. Para muitos deles, ser gay era errado e imoral. Isso significava que as pessoas que supostamente eu deveria respeitar como figuras de autoridade rejeitavam quem eu era. Elas acreditavam que eu era uma pessoa incorreta e imoral.

Um dia, quando eu havia entendido algo errado na aula, um professor deixou escapar:

— O que você é? Gay?

Foram apenas cinco palavras, mas elas me deixaram arrasado.

Há algo errado em ser gay? Há algo de errado comigo?

Se existisse um inferno, pensei, provavelmente se pareceria muito com a minha escola.

Quando o sétimo ano por fim acabou, consegui soltar um suspiro gigantesco.

Naquele ano, mais do que em qualquer outro, eu estava ansioso para ir pescar caranguejos com tio Ted.

Depois que jogamos nossas armadilhas e nos afastamos o suficiente, ele me perguntou sobre a escola.

— Está meio difícil — respondi, um comentário que poderia ser chamado de o eufemismo do ano.

Dava para ver que ele sabia que era pior do que isso.

— Jack, basta lembrar de tudo que você deseja — disse ele. — A fase da escola pode ser um momento difícil, mas não vai ser sempre assim. Você vai fazer grandes coisas um dia — ele afirmou. — Eu sei.

O verão antes do oitavo ano também significou minha volta ao acampamento de matemática. Depois dos momentos maravilhosos que eu havia passado no verão anterior, eu mal podia esperar para pegar o avião e ir o mais longe possível de Crownsville. Estava ansioso para ser eu mesmo de novo.

Naquele ano, o acampamento foi realizado em Wyoming, e na primeira semana conheci um garoto chamado Anthony. Ele era inteligente e divertido, e tinha os mesmos interesses que eu. Rapidamente nos tornamos grandes amigos, mas, na segunda semana, meus sentimentos por ele já haviam passado para um território distante da amizade. Eu gostava dele. E percebia que ele gostava de mim também, pelo jeito como ele me olhava.

Nunca gostei tanto de resolver problemas de matemática com um parceiro. Nós ríamos e conversávamos enquanto trabalhávamos com formas mais rápidas de fazer cálculos. À noite, quando ficávamos no sofá assistindo à Copa do Mundo, eu sentia a tensão se acumulando na boca do estômago. Queria muito dizer a ele o que sentia. Ele era gentil e compreensivo, pensei. Seria seguro ser verdadeiro com ele.

— Anthony? — comecei.

— Que foi?

Eu tentava, mas não conseguia controlar o nervosismo. Tinha medo de falar e estragar tudo.

— Nada.

Conforme o tempo passava, eu sentia uma pressão crescente para me abrir com ele sobre meus sentimentos. Eu sabia que quando o acampamento acabasse nunca mais o veria. E se a minha covardia pusesse em risco aquilo que poderia ser o melhor relacionamento da minha vida?

No último dia, finalmente me decidi. *Que se dane, vou falar.* O acampamento todo estava brincando de caça à bandeira. Nós estávamos correndo juntos quando eu disse:

— Pare. Preciso dizer uma coisa.

— O que é?

Eu queria contar tudo o que sentira o mês inteiro. Queria falar tudo, mostrar quem eu era, mas não conseguia começar. Como o silêncio se tornava constrangedoramente longo, ele passou a me olhar de um jeito confuso.

— E então? — ele disse, dando a deixa.

Eu sabia que era agora ou nunca.

— Eu sou gay.

Ele parecia congelado. Já que eu havia conseguido começar, não tinha mais volta. Segui em frente.

— E acho você uma graça.

— Tudo bem — ele respondeu.

Ele deu um passo para trás, virou-se e saiu correndo dali o mais rápido que pôde. Eu me agachei no chão e cobri o rosto com as mãos.

Ele nunca mais falou comigo.

Passei o voo de volta para casa me acabando de tanto chorar. Não importava o que eu fizesse, nada dava certo. Comecei a temer que houvesse me tornado aquele garoto que passa o tempo todo no porão fazendo experiências porque ninguém quer ser amigo dele.

3

Receita para o desastre

Depois de voltar do acampamento de matemática, comecei a sentir a pressão aumentar. Eu não queria ver ninguém, não queria ir a lugar nenhum. Só queria ficar no quarto.

Um dia, ouvi minha mãe falando ao telefone no andar de baixo e decidi me sentar na escada para ouvir. Não consegui ouvir muito, mas foi o suficiente para saber que era uma conversa séria. Foi como se a pressão barométrica houvesse aumentado vertiginosamente e o ar da sala ficasse pesado.

Não demorou muito até eu perceber que mamãe estava falando com alguém sobre meu tio Ted.

Ele estava doente. Era câncer.

O tio Ted? Câncer?

Levei um segundo para digerir a informação e pensar no que aquilo significava.

A conclusão a que cheguei foi que não havia nenhuma razão para eu me desesperar ou entrar em pânico.

Eu não sabia muita coisa sobre câncer, mas conhecia o suficiente para lamentar pelo tio Ted, porque ele teria que passar por tratamentos horríveis; mas outra parte de mim deu de ombros.

Muita gente hoje em dia tem câncer, disse a mim mesmo. *Normalmente, dá tudo certo. E é o tio Ted! Claro que vai dar tudo certo!*

Depois de ouvir minha mãe desligar o telefone, casualmente desci as escadas e perguntei com quem ela estava falando.

— Jack, vamos dar uma caminhada — ela chamou.

Quando começamos a andar pelas trilhas que passavam perto de minha casa, ela se abriu.

— O tio Ted está muito doente.

Ela explicou que ele estava com câncer no pâncreas.

— Ele vai ficar bem? — perguntei.

Ela hesitou. Seus olhos estavam estranhos, como se ela estivesse fazendo grande esforço para aparentar calma.

— O tio Ted tem ótimos médicos, que vão fazer o possível para curá-lo — ela disse.

Depois da caminhada, fui para meu quarto, fechei a porta, enterrei a cabeça debaixo das cobertas e chorei. Naquele momento, eu não sabia por quê. Disse a mim mesmo que era só cansaço. Afinal, eu tinha muitas coisas com que lidar.

O oitavo ano estava para começar e eu temia voltar para a escola.

Tive pelo menos uma boa notícia antes de a escola começar. Recebi uma mensagem de texto de Logan dizendo que ela, por fim, havia me perdoado por ter sido um idiota no sexto ano. Não éramos mais melhores amigos, mas pelo menos estávamos nos falando de novo. Considerando minha posição social no momento, fiquei feliz por saber que alguém não me odiava.

* * *

A primeira coisa que você precisa entender sobre minha vida quando comecei o oitavo ano é que havia dois Jacks. Primeiro, havia o Jack que eu deixava todo mundo ver, que tinha uma vida fingida. Ele era feliz, sorria, vencia nas feiras de ciência, só tirava A e até levava o lixo para fora sem ninguém pedir.

Esse era o Jack que eu queria ser. Só que, na verdade, eu tinha uma vida dupla. Por trás dos grandes sorrisos e dos troféus de primeiro lugar havia outro Jack, profundamente infeliz e que não tinha ideia do que fazer em relação a isso.

À procura de uma solução, minha mente continuava a me puxar para o mundo da ciência. Se eu pudesse descobrir os princípios por trás da razão de eu ter me tornado um pária na escola, tinha certeza de que poderia resolver esse impasse e fazer minha vida social voltar aos trilhos. Avaliei as circunstâncias e cheguei à conclusão de que o problema não era o jeito como eu havia tratado Logan, ou a inveja dos colegas por causa dos meus prêmios. Era mais profundo que isso. Era quem eu era; esse era o problema.

O que eu posso fazer? Como faço para me adequar?

Quem sabe, se continuasse ignorando a dor, eu dizia a mim mesmo, tudo melhorasse feito mágica? Advertência ao leitor: desconfie de qualquer plano que dependa de magia.

Tomar a decisão de evitar o confronto com meus sentimentos impediu que a dor dentro de mim fosse aliviada. Todos aqueles sentimentos terríveis ficaram presos, e, sem saída, a pressão continuou crescendo.

Eu sabia que alguma coisa tinha que mudar; que precisava desesperadamente mudar. Observava os alunos populares e a maneira como se comportavam. A maioria deles não ficava levantando a mão o tempo todo, nem fazendo perguntas.

Eles tinham boas notas, mas faziam questão de não demonstrar muito esforço. Decidi que a primeira coisa que precisava mudar era minha reputação de apaixonado por ciência e matemática.

O que era legal? Ser apático, ou não se preocupar com nada, era legal. Então, eu me tornei esse tipo de garoto.

Quem se importa? Eu não. Eu não me preocupava com nada! Bom, pelo menos tentei. Nunca deixava transparecer que estudava ciências e matemática por diversão.

Minha preocupação era o videogame!

Somente os nerds se esforçam na escola, certo? Vamos jogar World of Warcraft! Quando acabarmos, vamos jogar de novo! E de novo... e de novo... E de novo. Se o professor passava uma equação, eu fingia não entender. Eu me recusava a levantar a mão ou a fazer contato visual. Sempre que o professor me chamava, eu dava de ombros.

Passei algumas semanas assumindo meu novo comportamento, e meus colegas ainda não me aceitavam. Ficou óbvio que uma atitude apática não resolveria o problema. Então, decidi que era hora de reavaliar a situação e tentar encontrar outra solução.

Já sei qual é a melhor maneira de ser aceito!, pensei. *Vou me juntar a eles!*

Sim, eu me juntei ao coro de opressores.

Comecei aceitando o jargão deles e chamando tudo que fosse estranho ou não descolado de "gay".

Eu usava meu melhor sorriso falso quando dirigia as palavras — que já haviam me machucado tanto — ao garoto mais vulnerável que consegui encontrar. E não foi difícil encontrar. Seu nome era Andres, e talvez ele tivesse até mais problemas que eu para se encaixar na escola.

Andres era um garoto estranho. Durante a aula, ele se sentava no fundo da sala sozinho e fazia uns ruídos bem esquisitos. Às vezes ele pegava o nariz e o examinava.

Assumindo minha nova persona de opressor, dei início à agressão verbal, insultando seus projetos da feira de ciências — o que era o pior tipo de insulto em minha escola.

— Projeto legal — falei, deixando claro que queria dizer justamente o contrário.

Então, ataquei sua sexualidade.

— Não seja gay!

— Isso é totalmente gay!

— Isso é gay, gay-gay-gay, GAY!

Eu não sabia se ele era gay ou não. Isso não importava. Estava traindo não só o garoto de quem estava tirando sarro como a mim mesmo. Quando achava que não poderia afundar mais, este último ato de autorrejeição me levou para um nível absurdamente baixo.

Dentro de mim a negatividade se acumulava e a pressão continuava a crescer, em um círculo vicioso, conforme minhas sensações de distanciamento e isolamento se tornavam cada vez mais extremas. No meio do oitavo ano, a transformação parecia completa. O jovem Jack feliz, que passava o verão brincando com gravetos no rio com a família, havia desaparecido completamente, substituído por um garoto calado e confuso, com o capuz puxado sobre a cabeça e as mãos enfiadas nos bolsos. O mundo ao meu redor parecia cada vez menor e mais escuro.

Quando ficava sozinho, eu chorava. Quando estava na presença de outras pessoas, sorria, mas tinha vontade de chorar — o que é muito pior do que chorar sozinho. Nesse meio-tempo, fui visitar tio Ted durante sua primeira sessão de quimioterapia. Eu havia levado um cartão de melhoras feito em casa; sem saber o que dizer, entreguei-o para quebrar o gelo.

— Obrigado — ele respondeu.

Sentei-me ao lado de sua cama no hospital. Ele parecia exatamente o mesmo: ainda era um sujeito grande, encorpado, com cabelo castanho ralo, como da última vez que eu o havia visto. No entanto, nossas conversas estavam diferentes. Tudo parecia artificial. Ele tentava agir normalmente, como se não houvesse nada errado.

— O que é exatamente um câncer de pâncreas? Quando você vai sarar?

Ele não queria falar sobre isso, e ficava tentando falar sobre mim.

Naquele momento nada estava dando certo para mim, e eu não queria falar sobre isso. Entre nós não havia muito a dizer.

Conforme o oitavo ano continuava, o deboche foi ficando pior. Cada momento que eu passava na escola era como se eu estivesse sob um microscópio. Eu nunca podia relaxar, e, sempre que falava, parecia que alguém estava ali esperando para me atacar com um insulto.

Babaca.

Esquisitão.

Jack, você nunca vai ser nada na vida. NADA!

Decidi voltar para o único recurso que *nunca* me decepcionava: a internet.

Digitei "bullying" num site de busca e encontrei mais de 25 milhões de resultados.

Infelizmente, muitos desses resultados não foram úteis. Um monte de conselhos em um site administrado pelo governo que se anunciava como um guia para os pais ajudarem seus filhos vítimas de bullying era ridiculamente sem noção. Havia dicas como: "Diga 'pare' diretamente e com confiança", "Fique perto de adultos ou grupos de outros alunos". Outro site sugeria: "Mais cedo ou mais tarde, o valentão vai se cansar de tentar incomodá-lo." Havia também: "Se você tiver que encarar um valentão e não conseguir sair andando com dignidade, use o senso de humor; isso vai pegar o valentão desprevenido."

Mandá-los parar? Contar piadas? Sair andando? Ficar perto de adultos?

Um site chegou a sugerir que eu "tentasse conversar e chegar a um entendimento".

Claro. E, agora, vamos todos dar as mãos e cantar *Glória, Aleluia!*

Comecei a me perguntar se um monte de valentões não havia se reunido para colocar esse site no ar, como um deboche supremo. Notei que muitos dos conselhos que encontrei na internet pareciam forçar a ideia de que, se a vítima se esforçasse um pouco mais para se ajustar aos opressores, talvez estes a aceitassem. Qualquer pessoa que tenha sido vítima do ódio sabe que contar piadas, sair andando ou ignorar as ofensas pode tirar um opressor do seu pé.

Eu estava farto de tudo. Percebi que não poderia mudar *quem eu era*. Ser gay não é como ter sapatos feios. Eu posso trocar meus sapatos, mas minha sexualidade é parte de quem eu sou. Quando alguém sente vergonha da pessoa que é, o mundo inteiro começa a parecer um lugar estranho, ao qual ela não pertence. Nada parece bom. E não foi mesmo. Esconder quem eu era não enganou ninguém. Juntar-me ao coro de inimigos se mostrou uma péssima ideia. Quem sabe, pensei, se eu parasse de mascarar minha sexualidade tudo melhorasse?

Deixei para trás aquele terrível sentimento de rejeição devido ao incidente no acampamento de matemática. Aquilo foi diferente, falei para mim mesmo, porque eu estava confessando meus sentimentos em relação a alguém. Comecei a pensar que, se eu fosse honesto com todos sobre quem eu era, teria que aguentar algumas zoeiras, mas, por fim, seria aceito.

Talvez eu estivesse apenas desesperado; não sei. Minhas lembranças daqueles dias obscuros nem sempre são claras, mas, de qualquer maneira, eu havia finalmente tomado a decisão: iria sair do armário.

Tentei dar uma interpretação positiva à situação. Pensei que minha saída do armário seria um momento dramático e orgulhoso, como aquelas histórias que vemos na TV ou nos filmes, sabe? Aquelas em que o garoto reúne coragem e faz uma declaração heroica. Tipo declarar no microfone, minutos depois de ser eleito o rei do baile, que, adivinhem só, ele é gay, mas tudo bem, porque é o mesmo cara em quem todo mundo votou! E, então, depois de alguns momentos inquietantes, quando todos os alunos, nervosos, trocam olhares, uma lenta e tímida salva de palmas começa a preencher o silêncio. De repente, todos irrompem em aplausos frenéticos, até que o recém-saído do armário rei gay do baile é içado do palco e carregado em triunfo sobre os ombros dos amigos porta afora, quando começa a tocar uma canção pop otimista que mostra ao público que só há grandes coisas pela frente!

O que realmente aconteceu não foi assim. Não houve nenhum grande anúncio.

Não houve sequer um anúncio no microfone.

A saída do armário de Jack Andraka foi anunciada via mensagem de texto.

É isso mesmo. Eu saí do armário via mensagem de texto. Ha, ha, ha.

Mandei a mensagem para Logan. Foi simples, direto ao ponto. "Eu sou gay", escrevi.

O momento mais dramático foi antes de apertar o "enviar". Acredite, foi difícil.

Logan não ficou surpresa ao receber minha confissão. Na verdade, ela agiu como se já soubesse. Ficou feliz por eu ter lhe contado a verdade.

Deu certo! Talvez eu houvesse encontrado o jeito. Pedi a ela para espalhar a notícia. E ela espalhou.

Assim que mandei a mensagem, senti um pouco de alívio e muito terror.

O que dirão os meus amigos? O que dirão os professores?

Apegando-me à chance de isso realmente funcionar, esperei. Não tive que esperar muito tempo. No dia seguinte, fui à escola, e todos estavam falando sobre minha sexualidade. Em vez de vencer meus colegas de classe e meus professores, como eu esperava, isso me tornou um alvo.

Agora, não só os alunos me ignoravam; depois que o boato sobre minha sexualidade circulou pela sala dos professores, alguns deles deixaram de falar comigo também. Nos momentos em que algum colega reconhecia minha existência, era para se dirigir a mim pelo meu novo nome:

Bicha.

As pessoas me chamavam de bicha; geralmente pelas costas. Às vezes, na minha cara. Olhando para trás, é difícil dizer o que era pior. Mas quase tão ruim quanto os apelidos eram os olhares persistentes de nojo que eu via com o canto dos olhos sempre que andava pelos corredores.

Os atletas eram os piores. Eu os evitava sempre que possível, mas toda semana, quando chegava a hora da aula de educação física, eu sabia que teria que enfrentar outra rodada.

— Jack, por que você é tão gay? — perguntou um colega certa vez.

— Por que você é tão ruim em matemática? — respondi, sem jeito.

Tentei desviar o olhar e sinalizar que a conversa estava encerrada, mas nunca funcionava.

— Você já ouviu falar do garoto gay que apanhou? — perguntou ele, com um brilho de diversão nos olhos.

Eu o ignorei, mas sabia do que ele estava falando. Na escola, nós havíamos debatido a respeito da história de um jovem que foi espancado por ser gay. Ele foi tão severamente espancado que acabou no hospital. Nunca prenderam as pessoas que fizeram isso.

— Você é o próximo — ele gritou.

Simplesmente, não há lugar para mim neste mundo.

Eu precisava muito visitar tio Ted. Ele estava internado desde o início do ano. Eu tentava vê-lo sempre que possível, mas, de alguma forma, algumas semanas haviam se passado sem nenhuma visita. Eu não havia contado a ele sobre os problemas que enfrentava na escola, mas tinha chegado à conclusão de que era hora de esclarecer tudo. Se havia alguém que poderia me apontar a direção certa, era tio Ted. Ele sempre sabia o que dizer.

Assim que entrei no quarto do hospital, sofri um baque com a dramática mudança em sua aparência. Apenas quatro ou cinco semanas haviam se passado desde que eu o vira pela última vez, mas parecia que ele havia envelhecido 20 anos. Todo o seu cabelo havia caído, e ele estava magro e pálido.

— Olá, tio Ted.

— Olá, Jack.

Ele perguntou sobre meus projetos de ciência, e eu lhe falei sobre minha ideia de usar bactérias para detectar a poluição da água. Eu sabia que ele iria gostar. Não mencionei meus problemas na escola, ao contrário do que havia planejado. Simplesmente não consegui. No estado em que ele estava, eu não queria que se preocupasse com mais nada. No fim da visita, eu lhe dei um abraço. Ele parecia um esqueleto. Dava para sentir suas omoplatas cutucando suas próprias costas.

— Jack — ele sussurrou em meu ouvido —, tenho muito orgulho de você.

— A gente se vê na próxima semana — eu disse.

Aquela experiência no quarto de hospital não se encaixava em minha visão normal de tio Ted. Ele não estava tão doente. Descartei todas as evidências e atribuí aquilo a um dia ruim.

Depois de me revelar gay, uma coisa tão pessoal, eu me senti totalmente exposto ao mundo. Não havia lugar onde pudesse me esconder. Nem máscaras para usar. Todos já sabiam — todos, exceto minha família. Poucos dias após a infame mensagem de texto, voltei da escola e encontrei minha mãe me esperando na porta da frente. Ver mamãe me esperando na porta nunca era um bom sinal.

— Jack — ela disse —, quer fazer uma longa caminhada?

Esse era o jeito de minha mãe dizer que precisava conversar sobre algo importante. Nós dois sabíamos que o fato de ela perguntar se eu queria era nada mais que mera formalidade. Não era propriamente uma pergunta. Era uma ordem.

Aceitei o convite, tirei a mochila dos ombros e a segui por uma das trilhas arborizadas das proximidades de nossa casa. Minha mãe foi direto ao ponto: um dos meus colegas havia ouvido dizer que eu era gay e contara a seus pais. Os pais haviam ligado para minha mãe para saber se o boato era verdadeiro.

Então, minha mãe queria ouvir de mim.

— Jack, é verdade? Você é gay?

Minha mãe sempre sabia quando eu estava mentindo. Fiquei paralisado. Simplesmente, não tive forças para encará-la Só conseguia olhar para baixo.

O que ela vai pensar se descobrir a verdade?

Continuei caminhando.

Sim, mãe! É verdade! Eu sou gay!!

Mas as palavras não saíam.

— Jack, por mim, nós podemos andar a noite toda. Quero que você me responda — ela disse.

Eu sabia que ela não estava blefando. Minha mãe não blefava. Ela era obstinada até a alma.

Eu me senti derrotado. No fundo do poço. Havia me tornado uma piada para meus colegas; não tinha nenhum amigo. Então, não tinha muito a perder.

— Sim — sussurrei.

— Ah! — Ela não demonstrou qualquer sinal de choque ou desapontamento. — É isso que vem incomodando você?

Eu olhava para o chão. Folhas e pedras. Pedras e folhas.

— Jack, eu não me importo — ela disse. — Isso é parte de quem você é. E eu te amo.

E foi assim. Sem drama. Eu era filho dela; sua única preocupação era que eu estivesse feliz.

Depois de ouvir minha mãe, percebi que não estava surpreso com sua reação. Eu havia passado muito tempo dizendo a mim mesmo que não me importava com o que minha mãe pensasse, e de alguma forma havia me convencido de que não me importava se minha mãe aceitasse ou não que eu era gay. Mas eu estava errado; sua aceitação era importante para mim. Por um lado, desejei ter lhe contado antes. Talvez ela tivesse me ajudado.

Mas eu não havia terminado; ainda precisava contar a meu pai. Quando voltamos para casa, fui diretamente para meu quarto. Não queria estar lá embaixo quando meu pai chegasse. Não queria falar com ninguém.

Senti o coração quase sair pela boca algumas horas depois, quando ouvi o som do carro dele estacionando. Era o som da inevitabilidade. Primeiro, a porta do carro se abrindo, depois, a de casa se fechando. Contei até 14 — número de degraus que levam até meu quarto — enquanto ele subia as escadas.

Peguei um livro e fingi que estava lendo. Ele bateu na porta.

— Entre — eu disse, como se nada houvesse acontecido.

Claro que minha mãe havia lhe contado o que acontecera. Pelo menos não tive que ser submetido àquela conversa novamente.

Ele se sentou na beirada da cama e me pediu para largar o livro.

— Jack, quero que você olhe para mim — ele disse. — Eu te amo, Jack. Só sei que você vai ser sempre o meu filho e eu sempre vou amar você.

Como mamãe, meu pai não estava chateado pelo fato de eu ser gay. Ele também só queria que eu fosse feliz. E eu tenho certeza de que era de coração.

— Eu sei — respondi.

Eu nunca havia pedido o apoio dele, mas ter esse apoio significava tudo para mim. Com Luke, a história foi diferente. Mal nos falamos nos primeiros dias depois de eu ter contado a meus pais, mas estava claro que ele sabia o que havia acontecido. Eu sabia que ele estava ocupado, por isso, não fiquei tenso no início. Porém, quando conversávamos, eu percebia que alguma coisa estava diferente. Notei que seu senso de humor em relação a mim havia mudado. Antes, ele sempre me provocava por quase tudo, como se espera de um irmão mais velho, mas agora os ataques pareciam mais ferinos.

Ficou evidente que Luke não achava legal ter um irmão gay. Nem um pouco. Isso me feriu profundamente. Meus colegas e professores eram uma coisa, mas eu sempre respeitara Luke. Sua aprovação significava muito mais do que eu jamais conseguiria lhe dizer.

Um dia, depois que Luke fez um comentário particularmente doloroso, corri para o meu quarto porque não podia deixá-lo me ver chorar. Eu me sentia arrasado e perdido.

Minha mãe tentava fazer eu me sentir melhor, mas nem sempre conseguia. Em uma ocasião, na sala de espera do consultório do dentista, ela me disse que eu ia ter que endurecer.

— Tente se preparar para o caso de algumas pessoas tratarem você de um jeito diferente agora — ela alertou.

— Como assim? — perguntei.

— Bem — ela continuou —, alguns pais podem não querer deixar que seus filhos durmam em nossa casa, ou você na casa deles, e coisas assim. Mas não se preocupe. Nós vamos superar tudo.

Desde que Jake e Sam se mudaram, eu não tinha nenhum amigo que dormia em casa, mas ainda não havia pensado nos futuros amigos. Comecei a pensar em todas as coisas que poderiam ficar diferentes em minha vida agora que todo mundo sabia que eu era gay.

Na reta final do ensino fundamental achei que teria que viver sem amigos de verdade. Eu não queria demonstrar a dor que sentia, de modo que assumi plenamente um alegre personagem: "Eu sou gay e maravilhoso."

Eu me enterrei no mundo da ciência e da matemática, que sempre havia sido um escape para mim. Depois que parei de fingir que era heterossexual, também desisti de fingir que não estava nem aí para a matemática — como se alguém tivesse acreditado! Quando eu fazia uma experiência, não tinha que esconder quem eu era ou me preocupar com o modo como os outros me viam. Era um espaço seguro, onde as únicas coisas que importavam eram as minhas ideias e a maneira como poderia executá-las.

Mas nenhum prêmio de primeiro lugar aliviava a dor avassaladora que eu sentia todos os dias. Depois que me assumi, algumas garotas passaram a ser mais legais comigo, mas com os garotos a história era diferente. Eles se empenhavam para ter certeza de que eu nunca teria um único momento de paz. E conseguiram.

E aí, sua bicha?

Vai correr para chorar no banheiro, Jack? Você sabe o que acontece com os veadinhos, não é?

Eu tentava lembrar que o ensino médio logo acabaria; estava contando os dias.

Uma tarde, quando a formatura estava finalmente chegando, encontrei minha mãe me esperando na porta de novo quando voltei para casa.

— Jack, sente-se — ela pediu, com lágrimas nos olhos. — Preciso te contar uma coisa.

Era tio Ted. Ele havia morrido.

Eu estava muito entorpecido para chorar.

Não deveria ter sido um choque, mas foi. Tio Ted estava lutando contra o câncer de pâncreas nos últimos seis meses, e estava muito mal mesmo. Porém, apesar de todas as evidências, eu só acreditava no que queria acreditar: que tio Ted daria um jeito de sobreviver.

Senti o estômago descer para os meus pés. Nos momentos seguintes, foi como se eu estivesse vendo minha vida de longe. Depois, as perguntas vieram, em rápida sucessão, uma atrás da outra, mas, ao contrário das equações que eu utilizava para resolver problemas, todas as respostas pareciam tão distantes, tão longe do alcance!

Por que tio Ted? E por que tudo teve que acontecer tão depressa?

Embora eu soubesse o quanto estava sofrendo, na maioria dos aspectos ele era o mesmo tio Ted, sempre alegre e dando ótimos conselhos. Eu nem tive chance de me despedir. Havia tantas coisas que eu queria dizer... mas era tarde demais.

Como isso pôde acontecer?

Só então eu soube da história toda. O diagnóstico demorou muito. Muito mesmo. Quando ele recebeu a notícia da doença, o câncer já havia se espalhado. Isso significava que não era mais possível retirar os tumores cirurgicamente. Então, todos sabiam que seria questão de tempo. Todos, menos eu.

"Talvez, se tivéssemos descoberto antes...", era o que todos os médicos diziam. Agora o câncer o havia levado. Ele estava morto.

Eu me sentei na cama e tentei dar sentido a tudo aquilo.

Por que isso aconteceu?

O que eu vou fazer agora?

Por que tantas coisas terríveis continuam acontecendo comigo?

Parecia que não havia mais nada firme onde eu pudesse me segurar, nada estável para me ajudar a recuperar o equilíbrio. Tudo estava mudando depressa demais.

Pior que pensar nas boas lembranças de tio Ted era pensar no futuro que o câncer havia roubado de mim. Agora, nossos últimos momentos juntos, pelo menos nesta vida, seriam passados em seu funeral.

Quando chegou o dia, eu estava emocionalmente vazio. Não chorei. Fiquei sentado ali, derrotado, enquanto os amigos e a família se revezavam para dizer coisas bonitas sobre a luta travada bravamente por tio Ted e contar histórias engraçadas sobre ele. Eu não controlava mais meu próprio corpo. Era como se estivesse observando de longe enquanto um pequeno Jack Andraka atravessava a fileira de bancos até o caixão. Durante a viagem de uma hora de carro de volta para casa, eu não conseguia me lembrar de nada que as pessoas tinham dito. Fiquei olhando pela janela, tentando imaginar quando finalmente acordaria daquele interminável pesadelo.

Comecei a sentir as coisas de novo no instante em que voltei para a escola. Poucos dias depois que o tio Ted faleceu, eu estava na sala de aula quando meu professor nos mandou ler sobre uma igreja cujos congregados vão para diversas partes do país e do exterior para protestar em funerais de homossexuais. Eles alimentam essas reações de ódio dizendo que a pessoa morta está no inferno e, basicamente, tentam fazer tudo o que podem para perturbar aqueles que choram a perda de um ente querido.

Fiquei olhando para as palavras na página, lendo e relendo uma por uma. Não faziam sentido.

Como alguém poderia...

Por que alguém faria...

O que...

Se você nunca teve depressão, é difícil explicar. Era como se eu tivesse um enorme cobertor de desesperança sobre mim. Era pesado e, não importava o quanto tentasse, não conseguia levantá-lo. De certa forma, eu estava tão deprimido que nem queria levantar esse cobertor e ser feliz de novo.

O problema não era só o que eu enfrentava; era eu. Eu não tinha esperança, e não conseguia imaginar que um dia estaria em um lugar onde as coisas seriam melhores. Eu não mais tinha certeza sobre quem era.

A perda de tio Ted; o bullying; a rejeição. Ter que esconder minha sexualidade por tanto tempo e o processo de sair do armário haviam sido demais para mim. Eu sentia que havia esgotado todas as opções. Era isso. Estava destruído.

Nesse dia, pedi licença para ir ao banheiro, saí da classe e tranquei a porta do reservado. Eu queria me machucar. Não tinha uma faca afiada nem nada, de modo que quebrei um pedaço do lápis e comecei a espetar a ponta em meus pulsos. Várias vezes. Eu me desafiava a ir cada vez mais longe, cortar mais e mais fundo. Eu queria sentir mais dor; queria ver mais sangue. Eu me desafiava a acabar com aquilo. Eu sempre escolhia desafio. E estava me desafiando a acabar com tudo.

A ideia da morte não me assustava. Morrer seria um alívio. Se eu cortasse direito, tudo acabaria. Era tudo o que eu queria.

Tudo estava se transformando em um borrão. Eu estava em um estado estranho, entre a dormência e o piloto automático.

A certa altura, percebi que não conseguiria me matar. O lápis quebrado não era suficientemente afiado. Saí do banheiro. Logan e uma amiga dela estavam no corredor, viram o sangue em meus pulsos e foram direto para a sala da orientação. Um instante depois eu estava cercado pelos orientadores.

A última coisa de que me lembro é que meus pais estavam na escola. Depois disso, tudo ficou escuro.

4

A cura pelo conhecimento

Depois de minha fracassada tentativa de suicídio, a escola informou a meus pais que eu não poderia voltar enquanto não procurasse ajuda profissional. Meus pais estavam confusos e horrorizados. Estavam determinados a fazer tudo o que estivesse a seu alcance para me ajudar a sair do abismo.

Eles encontraram um grupo de apoio LGBT. Acharam que seria bom se eu pudesse falar com outros adolescentes que viveram experiências semelhantes; mas quando cheguei lá, eu era o único adolescente. O que aconteceu foi que eu fiquei falando com um sujeito mais velho qualquer, que não me conhecia nem sabia nada sobre meus problemas profundamente pessoais. É difícil se curar quando você se sente estranho e desconfortável.

Sinceramente, eu estava cansado de falar sobre esse assunto. Não sabia mais o que dizer.

O que tio Ted diria?

Ele havia lutado tanto para ter uns momentos a mais e eu estava pronto para jogá-los fora. Se ele estivesse sentado ao meu lado hoje, pensei, começaria me perguntando sobre o meu próximo projeto.

Mais que tudo, eu queria mesmo voltar para o que amava: a ciência. Havia outra feira chegando, e eu estava trabalhando em uma nova ideia.

Com base no meu projeto do sétimo ano, eu havia começado um trabalho que investigava os efeitos do óxido metálico em certas formas de vida marinha. Isso é importante porque o óxido metálico é altamente tóxico, e é encontrado em itens que todo mundo usa, como os bronzeadores, que muitas vezes acabam escorrendo pelo ralo do chuveiro para o sistema de abastecimento de água. Eu havia estudado, especificamente, seus efeitos sobre uma espécie de plâncton de água doce chamado *Daphnia magna* e sobre a bactéria marinha *Vibrio fischeri*. Os resultados haviam revelado que o óxido metálico se comporta de forma diferente em ambientes marinhos e de água doce. Quanto mais compreendermos sobre como ele interage com o ambiente circundante, mais fácil será evitar maiores danos.

Mas eu conseguiria competir? Ou passaria o resto da vida neurótico e precisando de atenção? Como acontecia quase sempre, eu não sabia a resposta. Uma coisa que eu sabia era que, se não conseguisse me livrar do pesado cobertor da depressão, não haveria mais feiras de ciência, não haveria mais pulos no rio, nem corredeiras. Nada.

Não era só para a ciência que eu queria voltar. Parecia ter se passado uma eternidade desde que eu saíra de caiaque ou fizera rafting. Havia muitos rios que eu ainda queria explorar. Eu sempre quis andar de caiaque no Grand Canyon. Poderia fazer isso um dia?

Então, do nada, meu irmão começou a mudar de opinião. O treinador favorito de lacrosse de Luke o ouvira fazer algum comentário sarcástico sobre minha sexualidade e o puxara de lado para lhe contar uma história pessoal sobre sua própria experiência na faculdade quando soubera que seu colega de quarto era gay. No começo, ele havia tido os mesmos pensamentos que provavelmente passavam pela cabeça de meu irmão: "O que as pessoas vão pensar dele se alguém tão próximo era gay? Como ele deveria agir?" Porém, quanto mais tempo o treinador passava com seu colega de quarto, mais via que, independente do que as pessoas pudessem pensar sobre a sexualidade do seu amigo, ele era um ser humano, em primeiro lugar. E um cara muito legal. O treinador contou a Luke que os dois se tornaram amigos pelo resto da vida.

Depois de se abrir com o treinador, meu irmão começou, lentamente, a me aceitar de novo. Voltou a me encher, como fazia antes de descobrir que eu era gay. Estranhamente, porém, demorou bastante até eu me sentir normal de novo.

Para minha felicidade, tive permissão para participar da feira de ciências. Graças a Deus, senão eu teria me formado e sido obrigado a repetir o oitavo ano. E isso era algo que eu queria evitar a todo custo. Meu projeto, chamado "Estudo comparativo sobre a toxicidade de óxidos metálicos para o *Vibrio fischeri* e o *Daphnia magna*", ganhou o primeiro lugar. Foi o terceiro ano consecutivo em que fui o campeão geral. Uma grande realização; eu deveria ter ficado radiante. Externamente, eu conseguia sorrir. Àquela altura eu já havia me tornado especialista em fingir as emoções que as pessoas esperavam que eu sentisse.

Eu me arrastei pelos últimos dias do oitavo ano, e não poderia ter ficado mais aliviado quando saí da escola no último dia. E não pretendia voltar.

O início das férias de verão significava acampamento de matemática. Eu não sabia o que esperar daquela vez. Ainda sentia um gosto amargo por causa do fiasco de me revelar para Anthony depois do sétimo ano. Ainda assim, eu esperava algo de bom. Nos dois últimos anos eu havia visto meus dois melhores amigos se mudarem, fora rejeitado e humilhado pelos colegas, saíra do armário, tentara o suicídio e perdera uma das pessoas mais próximas de mim. Eu imaginava que um dia as coisas tinham que melhorar, porque não via como poderiam piorar.

O acampamento seria realizado mais uma vez no Colorado, onde eu havia tido uma ótima experiência depois do sexto ano. Tomei isso como um bom sinal. No primeiro dia, conheci um conselheiro chamado Jim. Ele era inteligente, e eu gostei do seu jeito de falar, leve e fácil. Jim parecia não ter nenhuma preocupação no mundo. No primeiro fim de semana de acampamento nós saímos a campo e, durante a viagem de ônibus, ouvi alguém mencionar que Jim era gay. Não pude acreditar. Ao contrário de mim, Jim parecia tão bem-ajustado e não mostrava viver um caos interno. Como ele conseguia? Eu queria saber mais. Assim que voltei para o quarto, escrevi uma carta de duas páginas abrindo meu coração. Contei a ele sobre minhas lutas, sobre esconder minha sexualidade, sobre Anthony. Sobre aquele dia no banheiro com o lápis. Quando tive certeza de que ninguém estava olhando, calmamente fui até sua cabana e coloquei a carta por baixo da porta.

Poucos dias depois ele me puxou de lado.

— Recebi sua carta — ele disse, parecendo preocupado. — Vamos conversar.

Jim me contou sua história. Ele havia travado muitas batalhas iguais às minhas, e compartilhou comigo sua experiência de se revelar aos amigos e familiares e de superar o ódio que as pessoas sentiam dele. Jim foi a primeira pessoa que entendeu, íntima e pessoalmente, o que eu havia passado. Mais importante que compartilhar a história de seu passado, porém, foi o fato de ele ter dividido comigo suas esperanças para o futuro. Quando olhei para Jim, imaginei que também poderia ter esse tipo de futuro; e, mais importante, que eu merecia ter.

— Ouça, Jack — ele continuou. — Você é um garoto inteligente. No fim, vai dar tudo certo.

Jim era o tipo de sujeito que podia explicar os problemas matemáticos mais complexos de um jeito compreensível e que sabia manter a calma em um mar de adolescentes loucos. Quando ele disse que as coisas dariam certo para mim, acreditei. Nós dois conversamos até tarde da noite.

As últimas semanas de acampamento passaram muito rapidamente. No último dia, um grupo de campistas e eu decidimos que precisávamos de uma grande aventura. Nós nos espremememos em um carro e fomos até o pico Pikes. Não tive estômago para olhar para baixo enquanto o carro subia mais e mais. Era tão alto que mesmo no auge do verão a estrada estava coberta de gelo e neve. Quando chegamos ao topo da montanha, de 4.302 metros, pulamos do carro, nos posicionamos atrás das rochas e árvores e começamos uma luta de enormes bolas de neve. Depois, encharcados de lama e roucos de tanto gritar e rir, fomos para um café nas proximidades. Sentamo-nos, pingando, em uma das cabanas, para tomar chocolate quente e comer rosquinhas. Naquele lugar, com meus amigos, eu podia ver pela janela os picos lá fora. Pela primeira vez em muito tempo a vida parecia fácil.

Aquela noite foi cheia de longas despedidas de todos os novos amigos que eu havia feito. Antes de ir para o aeroporto, Jim se aproximou. Ele tinha mais um conselho.

— Você ouviu muito sobre a minha história e soube como eu a vivi — ele disse. — Agora a história é sua. Cada um tem seu próprio caminho, mas o único que pode decidir para onde vai a partir de agora é você.

Conversar com Jim me ajudou a compreender plenamente que não havia nada em mim, como pessoa, que eu precisasse mudar. Eu estava cansado de fingir ser algo que não era para fazer os outros gostarem de mim. Aceitando que não havia nada de errado comigo eu poderia encarar o bullying por outro ângulo. Poderia optar por ignorá-lo.

Lembrei do dia em que eu fizera uma varredura na internet em busca de uma solução. Ignorar as provocações era um dos conselhos que eu tinha lido, mas não havia conseguido aplicá-lo. No estado de espírito em que eu estava naquele momento, o próprio Alan Turing, pai da ciência teórica da computação (e um dos meus cientistas preferidos), poderia ter ressuscitado para me dar conselhos que eu não sei se os teria aceitado. Pois é. Ignorar as provocações era a parte fácil da solução. A parte mais difícil foi me recusar a permitir que minha autopercepção fosse definida pelos outros. Me recusar, em outras palavras, a acreditar que eu merecia ser tratado diferente só porque sou gay.

Às vezes eu ainda luto. Existem momentos difíceis, especialmente em reuniões de família. Alguns parentes mais religiosos têm pontos de vista conservadores, que os tornam intolerantes à minha sexualidade. Para ser honesto, nós não falamos sobre isso. Eu sei o que eles pensam e eles sabem quem eu sou. Como temos respeito e afeto genuíno uns pelos outros, deixamos por isso mesmo. Por enquanto, tudo bem para mim.

Depois de desembarcar em Maryland, eu sabia que havia algo mais que precisava enfrentar: a perda de tio Ted. A ficha ainda não havia caído completamente, mas a dormência inicial que eu sentia desde a sua morte havia sido substituída por uma dor pesada em meu estômago. Agora, eu a sentia como um grande e imóvel pedregulho.

Mais que tudo, eu *queria* entender por que ele havia morrido. *Precisava* entender por que ele havia sido tirado de mim.

E foi aí que tive uma ideia. Talvez, só talvez, eu pudesse encontrar a cura para o câncer de pâncreas.

Se eu fosse só um pouco mais velho e tivesse tido tempo para me tornar um pouco mais realista, provavelmente, teria rido da ideia. Afinal de contas, dificilmente eu teria sido a primeira pessoa a tentar, e a maioria dos que tentaram era formada por grandes cientistas com Ph.Ds. impressionantes de faculdades caras que, ao contrário de mim, tinham idade suficiente para assistir a filmes proibidos para menores.

Um lado mais velho e mais maduro de mim sabia, na época, que tudo isso era ridículo, mas meu lado mais jovem e impetuoso rapidamente o deteve. Se foi exuberância juvenil ou estupidez desenfreada, não sei bem, mas, qualquer que fosse a razão, eu estava convicto. Eu e mais ninguém.

As primeiras palavras que saíram da boca do meu pai depois de ouvir meu sonho foram:

— Jack, você não está exagerando um pouco?

Meus pais sabiam que quando eu colocava algo na cabeça, nada me detinha: eu mergulhava no assunto. Isso deve explicar por que eles se mostraram tão contrários à ideia de eu dedicar muito tempo a uma tarefa impossível como aquela, que oferecia pouquíssimas chances de recompensa. Depois de tudo o que eu havia passado, eles não estavam convencidos de que seria recomendável seu filho se dedicar a algo tão pesado quanto a pesquisa da cura do câncer.

E eu não podia culpá-los.

Porém, não ter a cumplicidade de meus pais não era uma opção. A aprovação deles era crucial. Não tanto pelo aspecto emocional e mais pelo lado prático. Por exemplo, eles teriam que me levar a lugares para comprar o material ou usar seu cartão de crédito para comprar coisas pela internet.

Pessoalmente, eu achava que esse projeto era perfeito para mim. Eu estava em busca de uma saída para minha tristeza, e o câncer precisava de cura. Recorrendo a tudo que havia aprendido ao fazer discursos persuasivos nas feiras de ciências, e também a minha extrema teimosia, comecei a dobrar meus pais. Talvez tenha sido minha paixão, talvez eles soubessem que eu iria em frente e tentaria avançar com ou sem sua bênção; qualquer que tenha sido o caso, meus pais, relutantemente, me deram sua aprovação.

Era hora de começar. Eu sabia, depois de tanto tempo trabalhando em projetos de feiras de ciências, que qualquer descoberta começa com a identificação de metas, e, a seguir, passa pelas perguntas que precisam ser respondidas para ir do ponto A ao ponto B. Essa parte foi fácil. Eu já sabia qual era meu objetivo: curar o câncer de pâncreas.

A primeira pergunta foi bastante óbvia: afinal, o que é um pâncreas? No começo, eu nem sabia que órgão é esse. Bem, eu havia ouvido falar do pâncreas, sabia que era um órgão do meu corpo e que era importante, mas o que exatamente ele faz? Eu não fazia ideia, mas não fiquei intimidado pela falta de conhecimento, pois sabia que tinha todas as ferramentas de que necessitava para começar: Google e Wikipédia.

Comecei digitando em meu notebook: "O que é pâncreas"; e cliquei no primeiro resultado que apareceu. Era um artigo de um site popular dedicado a questões de saúde, apropriadamente intitulado "O que é o pâncreas?"

Acontece que o pâncreas é realmente muito legal e tem *um monte* de responsabilidades. É um órgão de aproximadamente 15 centímetros de extensão, esponjoso, tem forma de peixe e se localiza atrás do estômago, na parte de trás do abdome. Ele produz importantes enzimas e hormônios que ajudam a decompor os alimentos. Sem ele não podemos converter a comida que ingerimos nos nutrientes de que precisamos para sobreviver.

O pâncreas ainda tem outro trabalho importante. Ele produz o hormônio insulina e o secreta na corrente sanguínea, ajudando a regular o nível de glicose, ou açúcar, do corpo. Aprendi, também, que ele tem dois tipos de glândulas: as exócrinas, que ajudam a acelerar as reações químicas e a quebrar as gorduras e proteínas, e as endócrinas, que produzem hormônios como a insulina, que ajudam a equilibrar a quantidade de açúcar no sangue. Se elas não funcionarem, teremos diabetes.

Toda essa informação era muita coisa para "digerir" (entendeu o trocadilho?). De qualquer forma, já sabendo o que era o pâncreas, eu estava pronto para passar para a pergunta seguinte: o que é câncer de pâncreas?

Depois de uma rápida pesquisa na internet, a primeira coisa que percebi foi que tio Ted não havia sido a única pessoa boa que havia sido vítima de câncer de pâncreas. É uma doença particularmente letal que matou um monte de gente boa, como Steve Jobs, o fundador da Apple. Ele também tirou a vida do ator Patrick Swayze, da atriz Joan Crawford, da antropóloga Margaret Mead e do famoso cantor de ópera Luciano Pavarotti.

Pesquisando mais, descobri uma história que revelou uma tendência preocupante: enquanto muitos tipos diferentes de câncer foram se tornando menos frequentes ao longo da última década, as taxas de câncer de pâncreas têm aumentado desde o ano 2000, aproximadamente. A Sociedade Americana de Câncer estimou que 46.420 novos casos seriam diagnosticados nos Estados Unidos em 2014 e que 39.590 pessoas morreriam da doença naquele ano.

O risco de ter câncer de pâncreas é cerca de 1/78. É igual para homens e mulheres. As pessoas desenvolvem esse tipo de câncer quando as células do órgão começam a se tornar selvagens, crescendo descontroladamente. Em vez de se desenvolver como um tecido normal saudável, elas continuam se dividindo, e formam massas de tecido chamadas tumores.

Já sabendo o que era o câncer de pâncreas, eu precisava descobrir o que o causava. Encontrei um link para o site do Hospital Johns Hopkins. Imaginei que devia ser confiável, uma vez que foi criado por uma das melhores instituições de pesquisa e tratamento do mundo (lembre-se que a veracidade das informações que pegamos na internet depende da qualidade da fonte). Cliquei nele.

De acordo com o site do Johns Hopkins, os médicos e cientistas acreditavam que havia duas principais causas da doença. Uma das teorias era que algum tipo de dano ou certas mutações em nosso DNA, que provocam uma aglutinação selvagem no câncer de pâncreas, podem ser algo que herdamos de nossos pais e que se desencadeia quando ficamos mais velhos. Mas ninguém parece saber ainda se a doença é hereditária.

À medida que pesquisei mais, aprendi que temos duas cópias de cada gene em nosso corpo: uma do pai e outra da mãe. Os cientistas acreditam que as pessoas que herdam o câncer geralmente têm uma cópia mutante de um dos pais e uma normal do outro. À medida que envelhecem, algumas dessas pessoas sofrem danos na cópia boa do gene de uma célula do pâncreas. Essa célula terá duas cópias do gene ruim, e, como resultado, crescerá como câncer no pâncreas. Esse tipo de célula fica ali como uma bomba-relógio até que a pessoa atinge certa idade, quando um gatilho dispara e ela começa a sofrer mutações.

O câncer de pâncreas é considerado um dos mais fatais. De acordo com a Sociedade Americana de Câncer, para todos os estágios combinados da doença, a taxa de sobrevida de um ano é de apenas uma em cinco, e a de cinco anos é de apenas 6%! O que significa que apenas seis a cada cem pessoas diagnosticadas sobrevivem pelos próximos cinco anos. Não é preciso ser bom em matemática para perceber que ninguém em sã consciência vai querer incorporar uma probabilidade dessas.

Ler sobre essas estatísticas horríveis me levou a outra pergunta: como era possível que, apesar de todos os novos avanços da ciência e das emocionantes descobertas na área da tecnologia, as taxas de sobrevida dos doentes de câncer de pâncreas permaneçam tão surpreendentemente baixas?

Em grande parte, é questão de timing. Mais de 85% dos casos são diagnosticados tardiamente, quando a pessoa já tem menos de 2% de chance de sobreviver. A essa altura, os tumores, geralmente, já se espalharam, e não é possível removê-los cirurgicamente. Por que o câncer de pâncreas é detectado tão tarde? Em parte, porque os tumores pancreáticos são difíceis de identificar. O pâncreas está situado no fundo do abdome, abaixo de outros órgãos frágeis. O fato de estar cercado por tecido denso e que bloqueia os fármacos também não ajuda. Outra questão é o teste em si, que havia passado seis décadas sem atualização! O teste atual também é muito complicado. Para analisar o sangue de um paciente com risco de câncer de pâncreas o médico precisa mandar frascos para um laboratório, onde as amostras serão testadas para níveis elevados de certo biomarcador, termo usado para um indicador precoce da doença.

Havia mais problemas. Esses testes são extremamente caros: oitocentos dólares cada. Também são muito imprecisos — deixam passar 30% de todos os cânceres pancreáticos. Enquanto deixar passar só 30% é ótimo para um grande rebatedor de beisebol (o que significaria rebater 70%), não é tão bom para quem espera derrotar um câncer mortal, e alguns dias podem significar a diferença entre a vida e a morte.

Isso significava que um dos maiores problemas do câncer de pâncreas não era o tratamento, e sim a detecção. Foi quando a ficha caiu. Eu não precisava encontrar uma cura para essa doença, precisava encontrar uma maneira melhor de diagnosticá-la antes de ela se espalhar para outras partes do corpo, enquanto ainda pudesse ser tratada. Pensei em algo que os médicos tinham dito depois da morte de tio Ted: *Talvez, se tivéssemos descoberto antes...*

Resolvi que tinha uma nova missão. Queria descobrir um método para detectar precocemente o câncer de pâncreas.

Infelizmente, havia outra coisa que eu precisava fazer primeiro: me formar. Em meu primeiro dia de calouro na Escola de Ensino Médio de North County, eu estava animado com a perspectiva de construir minha reputação com um novo grupo de colegas, mas também tinha medo de ver uma reprise de meus anos escolares anteriores.

No primeiro dia, me esgueirei de sala em sala, de cabeça baixa. Quase todo mundo havia ido para aquela escola com algum colega dos últimos oito anos e já tinha amigos, de modo que ninguém tinha nenhuma razão para falar comigo. Durante a manhã tive a sinistra sensação de que o momento "tudo ou nada" chegaria na hora do almoço. Eu sabia que o lugar onde me sentasse teria implicações de longo alcance para o resto do meu futuro naquela escola. Se eu escolhesse com sabedoria, sentar à mesa certa poderia me ajudar a fazer amizades importantes pelo resto do ano, ou até mais. Eu também estava ciente dos perigos. O erro de, sem saber, colocar minha bandeja junto ao grupo errado de alunos poderia criar uma primeira impressão negativa, difícil de apagar.

Quando o sinal do intervalo tocou, entrei no cavernoso refeitório. Fiquei impressionado com o tamanho do salão. Era muito maior que o refeitório da escola antiga. Eu havia me tornado aquele garoto clichê dos filmes: nervosamente apertando sua bandeja nas mãos enquanto olha ao redor, tentando encontrar um lugar seguro para sentar e comer.

Fiz uma varredura de todos os grupos em uma busca desesperada por um porto seguro. À esquerda estavam os atletas. Eu me lembrava deles da escola anterior. De jeito nenhum. À direita, havia um grupo usando roupas de grife. Pareciam legais, mas eram fashion demais para mim. Além disso, não havia lugar disponível perto deles. Eu sabia que isso não era bom. Parado ali muito tempo, olhando, parecendo um esquisitão, eu também estava me colocando em risco. Era preciso agir depressa.

Avistei um grupo de meninas sentadas mais para o fundo do refeitório. Estavam folheando seus livros e pareciam legais. Pelo estilo relaxado e pelos sorrisos fáceis, eu sabia que iria gostar delas. E havia um lugar vago na mesa. Fui até lá, com cuidado para não derrubar minha bandeja, e perguntei:

— Olá, posso sentar aqui?

— Claro — respondeu uma menina com uma expressão agradável e acolhedora. — Meu nome é Chloe.

Chloe. Minha salvadora.

Durante o almoço fiquei em silêncio, comendo tranquilamente. Se eu não dissesse nada, imaginei, não falaria nada errado. Além disso, estava saboreando o momento. Afinal, o refeitório do ensino médio estava um degrau acima de minha antiga mesa de almoço: o reservado de deficientes no banheiro dos meninos.

Superada a parte mais importante do dia, passei as duas horas seguintes agindo mecanicamente, até que tocou o sinal.

Quando eu não estava na escola, trabalhava duro em meu projeto. Agora que havia descoberto uma nova meta — descobrir um método de detecção precoce do câncer de pâncreas —, comecei estabelecendo critérios científicos, um conjunto de regras para trabalhar. Eu precisava ter ideias sobre o teste ideal para efetivamente saber diagnosticar a doença.

Decidi que para ter um impacto que pudesse realmente fazer a diferença o teste teria que ser barato, rápido e simples. Precisava ser sensível o suficiente para detectar precocemente o câncer, mas também minimamente invasivo para não incomodar demais os pacientes. Para conseguir isso, eu precisaria de um plano de ação sólido. Na ciência, a característica que define todo conhecimento, inclusive o das teorias, é a capacidade de fazer previsões falseáveis ou testáveis; em outras palavras, previsões que se possam provar verdadeiras ou falsas. A especificidade das previsões determina quão útil é a teoria. Eu precisava encontrar pistas deixadas no organismo pelo câncer de pâncreas para detectar sua presença. Depois de muita pesquisa, consegui encontrar um excelente artigo em uma revista científica de acesso público chamada *Public Library of Science*, que trazia uma lista de proteínas encontradas em pacientes que sofrem de câncer de pâncreas.

Por que as proteínas são tão importantes? Eu não precisava pesquisar na internet para saber a resposta. Já havia aprendido tudo sobre elas nas aulas de biologia, entre minhas sessões de tortura na escola anterior. As proteínas fazem a maior parte do trabalho nas células e são necessárias para a estrutura, função e regulação de tecidos e órgãos do corpo. Elas estão em todo lugar: Do corpo humano, 20% são constituídos por proteínas, que desempenham um papel crucial em quase todos os processos biológicos.

Eu também havia aprendido que as proteínas são moléculas grandes e complexas compostas por centenas ou milhares de unidades menores, chamadas aminoácidos, que se ligam entre si em longas cadeias. Existem vinte tipos diferentes de aminoácidos, que podem ser combinados para produzir uma proteína. A ordem dos aminoácidos determina a estrutura tridimensional única de cada proteína, bem como sua função específica.

Todas essas proteínas têm razões e propósitos muito particulares para estar em nosso corpo; cada uma conta uma história única. As proteínas também são bons indicadores de doenças e aparecem nos estágios iniciais dos cânceres muito antes de o paciente sentir qualquer sintoma.

Uma pequena proteína poderia ser a chave para a detecção precoce do câncer de pâncreas antes de ele se espalhar para outras partes do corpo, enquanto ainda fosse tratável. Eu precisava encontrar uma que aparecesse nos estágios iniciais da doença.

Comecei a vasculhar a lista. E dei com a cara no muro. Não era uma lista de 15 ou vinte proteínas que eu teria que testar. Eram 8 mil! Qualquer uma das proteínas originais poderia ser a certa! Cada uma teria que ser especificamente estudada e testada.

Isso poderia levar cem anos! E eu já havia desperdiçado 14! Voltei para o computador e continuei a pesquisa. Enquanto trabalhava, sentia a adrenalina correndo em minhas veias. Se continuasse naquele estudo, sabia que em algum lugar entre as 8 mil proteínas estava a resposta que eu procurava: o biomarcador que poderia salvar tantas vidas. Talvez ele pudesse até ter salvado a vida de meu tio

Eu não sabia se conseguiria.

Mas uma coisa era certa: meu trabalho estava só começando.

5

Lembre-se do paciente

Parecia tão estranho ver setembro chegar e ir embora sem ir pescar caranguejos com tio Ted...

De vez em quando eu me via perdido em pensamentos, meio que esperando olhar pela janela e ver o sedan azul velhinho estacionando lá embaixo. Eu me imaginava correndo pela escada, batendo a porta atrás de mim, pulando no banco do passageiro e saindo correndo para começar o trabalho sujo de pôr iscas em nossas armadilhas. Poucas coisas no mundo são mais nojentas do que pescoço de frango.

Outras vezes, eu me pegava relembrando a primeira vez que fui visitá-lo no hospital, depois que ele recebeu o diagnóstico. Dava para ver que ele não queria falar sobre sua doença nem sobre o futuro. Acho que ele sabia aonde aquilo iria dar. O meu futuro, isso sim, parecia despertar mais o seu interesse. Especialmente os projetos nos quais eu estava trabalhando. Uma vez, quando contei sobre uma ideia que tive para encontrar formas mais eficientes de purificar a água, tio Ted me disse que, quando o momento parecesse duro ou os obstáculos se mostrassem intransponíveis, eu deveria manter o foco naqueles que seriam afetados pelo meu trabalho e em tudo de bom que ele poderia propiciar.

— No seu trabalho, seja o que for que você escolha fazer, nunca se esqueça de quem será afetado — ele recomendou. — Lembre-se do paciente.

Seu conselho havia ficado em minha mente como uma espécie de epitáfio vivo.

Lembre-se do paciente.

Essas palavras realmente me marcaram, e não só porque foi a doença do meu tio que me inspirou a travar essa batalha, mas também porque elas serviram como um lembrete inflexível de que nossos objetivos vão muito além de nós mesmos.

Nos meses que seguiram à morte do tio Ted, meu trabalho foi alimentado pela determinação. Eu encontraria um método de detecção precoce do câncer de pâncreas, e *nada* poderia me deter.

Era tedioso, e no final do dia eu não sabia se algumas das minhas horas de trabalho duro compensariam. Tive que vasculhar milhares de proteínas procurando pequenas diferenças e fazendo várias perguntas de cada vez. Primeiro, precisava descobrir se as proteínas tinham regulação negativa — quando a célula fica menor em resposta a uma mudança externa — ou positiva — quando ela fica maior. Eu precisava de uma proteína de regulação positiva, que seria mais fácil de identificar. Quando acabei de responder a essas perguntas, precisei descobrir se as proteínas eram sensíveis a todas as outras doenças ou só ao câncer de pâncreas.

Dependendo das pesquisas que conseguia encontrar na internet, às vezes eu podia excluir determinada proteína em poucos minutos. Outras vezes, havia pouca ou nenhuma pesquisa disponível (pelo menos que eu pudesse encontrar), e o processo de exclusão de somente uma dessas proteínas podia levar horas ou até mesmo dias!

Se eu fosse seguir minha ideia, precisava ter muito tempo e, mais importante, paciência. Paciência é uma qualidade especialmente importante se você for assombrado por 8 mil proteínas a cada vez que fechar os olhos. Elas riam, faziam danças estranhas e me provocavam.

Mais que tudo, as pistas falsas estavam me matando. Todos os dias eu achava que finalmente havia encontrado a proteína. Ela parecia se encaixar em todos os critérios corretos, passava em todos os testes e, então, quando, depois de várias horas, eu chegava ao ponto de fazer o teste final para confirmar, minhas esperanças desabavam.

Conforme eu seguia aos tropeços, trabalhando com a lista de proteínas, notei que estava começando a ficar seriamente exausto. Depois de horas e horas olhando para as telas, isso não chega a ser uma surpresa.

Para quem adora o ar livre como eu, passar o dia inteiro na frente do computador pode parecer uma tortura. Não ajudava o fato de que, nas poucas ocasiões em que tinha oportunidade de ver meu irmão, era obrigado a ouvi-lo falar sem parar de todas as coisas legais que ele e seus amigos estavam fazendo sem mim.

— Depois nós fomos andar de caiaque, e você não vai acreditar no que nós vimos, Jack! Um urso-negro!

Eu nunca havia visto um urso-negro. Que droga!

Meus dias na Escola de Ensino Médio de North County não eram exatamente cheios de inspiração também. Talvez fosse melhor que o ensino fundamental, mas eu ainda estava um pouco tímido, e não esperaria muito para saber que meus colegas ainda podiam ser babacas. Um dia, logo no início do ano, a professora de espanhol ficou andando pela classe perguntando o que os alunos haviam aprendido durante o verão. É disso que eu gosto de falar, pensei comigo mesmo enquanto levantava a mão.

A professora me chamou e eu contei todas as coisas incríveis que havia aprendido no acampamento de matemática. Na verdade, eu estava atento demais ao meu próprio entusiasmo para notar que quase todos na classe estavam tendo um ataque de riso.

Abaixei a cabeça e senti um nó no estômago. Senti um calor subindo pelo rosto. Pronto.

Vá em frente, Jack, chore! Isso vai dar quatro anos de munição para seus colegas!

Um segundo antes de as comportas se abrirem uma voz de autoridade irritada interrompeu o riso.

— Ele é novo na escola. Vocês acham que é uma boa ideia rir porque ele gosta de aprender? — perguntou a voz. — Quanta maturidade, pessoal!

Não acreditei! As risadas pararam. Ergui a cabeça e olhei em volta. Não foi a professora quem me resgatou. Foi Chloe Diggs. A menina que havia me deixado sentar ao lado dela no almoço no primeiro dia de aula.

Foi nesse momento que nos tornamos amigos.

A escola ficou mais fácil depois disso. Eu me sentava com Chloe e a turma dela no almoço e nós conversávamos de verdade! Ela era inteligente e queria ouvir sobre os projetos nos quais eu estava trabalhando. No entanto, à medida que eu ficava mais focado na tarefa de encontrar o biomarcador, a escola ia se tornando cada vez menos relevante para mim. Outros assuntos precisavam de minha atenção, e eu ficava lembrando a mim mesmo o tempo todo que poderia salvar cem vidas por dia se continuasse trabalhando com uma proteína atrás da outra.

Quem dera a escola tivesse sido meu único obstáculo... A falta de dinheiro também estava testando minha paciência, que já era curta. Foi logo após o início da pesquisa que descobri que nem todas as informações na internet são gratuitas. Infelizmente, isso acabou sendo especialmente verdadeiro para quase todos os artigos de que eu mais precisava para seguir em frente com meu trabalho.

Muitos dos bons trabalhos disponíveis são publicados nas chamadas revistas científicas. Esses artigos são escritos pelos melhores dos melhores na comunidade científica. O problema é que os únicos que podem acessar essa riqueza de informação são outros cientistas — a menos que você tenha uma assinatura. Obter acesso a um artigo em uma revista dessas custa mais ou menos 35 dólares!

Bem, isso me colocou em uma posição difícil. Eu não tinha dinheiro, e meus pais só podiam trabalhar certo número de horas extras, mas ter as informações contidas nessas revistas era absolutamente essencial se eu fosse continuar a pesquisa. Eu faria qualquer coisa para pôr as mãos naqueles estudos.

No início, como qualquer outro adolescente pobre, tentei piratear os artigos. Mas, evidentemente, não sou bom nisso. Depois que minha fracassada carreira de hacker se encerrou, pensei que a saída seria mandar e-mails para os professores e médicos autores dos artigos suplicando que deixassem seu trabalho disponível para mim. Afinal, quem poderia resistir a um adolescente, não é?

Acontece que todos resistiram a um adolescente. A maioria respondeu explicando que não possuía os direitos autorais

ROMPENDO LIMITES

e que não estava autorizada a compartilhar com o público o que havia aprendido. Outros, apenas me ignoraram.

Foi nessa época que recorri à mendicância para conseguir o dinheiro com meus pais. Para minha sorte, sou muito mais hábil em implorar aos pais do que em pirataria.

Se meus pais tivessem sido menos generosos, minha busca por um método de detecção precoce do câncer de pâncreas teria chegado ao fim naquele momento. No entanto, mesmo depois que eles concordaram em assinar essa forma *high tech* de assalto a mão armada, percebi que meus problemas com os artigos estavam só começado.

Às vezes eu fazia tudo sem complicações e finalmente conseguia comprar o artigo que queria, e, depois, descobria que as páginas pelas quais eu havia pagado não tinham absolutamente nada a ver com minha pesquisa. É claro que, como você deve imaginar, havia uma política rigorosa de não reembolso.

Outras vezes, mesmo quando eu conseguia o artigo certo, ficava olhando para a tela por horas, como um maluco, incapaz de entender todas aquelas palavras. Quem havia escrito aquelas coisas? Mais de uma vez o mesmo pensamento passou pela minha cabeça: os cientistas que escrevem nessas revistas intencionalmente esperam que ninguém consiga ler seu trabalho.

Comecei a imprimir os artigos. Eu tinha o hábito de manter o computador aberto ao meu lado para poder pesquisar rapidamente, em um dicionário on-line, palavras ou frases que não entendesse.

Heterozigoto.

Hetero significa diferente; *zygötus* significa conjugado. Heterozigoto refere-se à união caracterizada pela conjugação de dois alelos diferentes, ou versões de um gene, para determinada característica.

Não era raro eu demorar meia hora para ler um parágrafo. Certos dias, eu sentia um impulso irresistível de pegar todas as minhas pesquisas, especialmente meu computador, e fazer uma enorme fogueira no quintal. Imaginava que encontraria gravetos suficientes por ali. Talvez fazer uma nova experiência para descobrir quão rápido os aceleradores poderiam queimar um notebook!

Eu me via dançando em volta do fogo e, depois, indo para meu porão/laboratório científico para destruí-lo em um ataque selvagem de fúria. Eu pegava o taco (aquele que nunca consegui usar no beisebol de verdade) e acabava com todos os terríveis projetos científicos.

Depois que terminava de resolver as coisas no porão, subia as escadas pisando duro até o quarto de meu irmão para destruir todos os seus prêmios e experimentos científicos. Esses pensamentos eram tão... tão... gratificantes.

Nada disso chegou a acontecer. Em vez disso, eu respirava fundo e me esforçava. Seguia adiante, destacando as partes que havia lido e conseguido entender, até que, com o tempo, mais e mais palavras começaram a fazer sentido. Onde no início eu estava batendo a cabeça contra uma parede de tijolos, aos poucos, um por um, alguns dos tijolos começaram a cair. Depois de ficar olhando para as páginas por muito tempo, eu conseguia realmente entender o que estava lendo nas revistas.

Agora que podia absorver o que lia, minha busca pelo biomarcador se movia muito mais rápido. Até o fim de outubro eu havia conseguido reduzir as 8 mil proteínas para cerca de cinquenta. Isso foi ótimo, claro, mas o trabalho estava longe de acabar. Cinquenta pode parecer um número gerenciável, mas não eram quaisquer proteínas. Eram as mais difíceis, as mais demoradas proteínas de todas, em grande parte porque não havia quase nenhuma pesquisa disponível sobre elas.

Finalmente, quando eu estava na metade da lista mais curta e à beira de perder a sanidade mental, deparei com uma proteína chamada mesothelin. Passei-a por todas as verificações, cruzando referências contra todos os critérios necessários em meu banco de dados on-line. Ela passava em todos os testes. Prendi a respiração. Depois de tantas falsas esperanças, eu estava condicionado a manter meu entusiasmo sob controle até ter certeza. Eu recorria a outras pesquisas para obter mais informações.

Regulação positiva? Sim!

Em qual fluido corporal essa proteína foi encontrada? Se fosse no fluido espinhal, não serviria. (Pergunte a qualquer pessoa que tenha feito uma punção lombar e ela vai dizer que não se encaixaria em meu critério de "fácil" de fazer.) Para que o teste funcionasse, o biomarcador teria que estar no sangue ou na urina.

Estava no sangue? Sim!

É isso aí! Mesothelin!

Era a descoberta que eu esperava.

Comecei a pular e gritar chamando minha mãe:

— Mãe, mãe, é a mesothelin!

— O quê? — perguntou mamãe, compreensivelmente perplexa. — Aconteceu alguma coisa? Quem é mesothelin?

— É o biomarcador! Eu encontrei! E se chama mesothelin.

— Ah! Eu sabia que você conseguiria, Jack! — ela comemorou, gritando também. — Isso significa que você encontrou o teste?

Bem... não. Mas foi um passo. *Enorme*.

O que significava era que, se alguém tivesse câncer de pâncreas, de ovário ou até mesmo de pulmão, a mesothelin seria encontrada em níveis muito elevados em sua corrente sanguínea. Mas os trabalhos de pesquisa também indicavam que, se ela for encontrada nas fases iniciais da doença, se o câncer for detectado, a pessoa tem cerca de 100% de chances de sobreviver.

Como muitas vezes acontece na ciência, a resposta a um problema levanta uma questão nova. Como eu pretendia encontrar essa proteína nas pessoas? Eu sabia que sem uma maneira de detectar a proteína e, portanto, o câncer de pâncreas minha descoberta e todo o trabalho duro seriam essencialmente inúteis no mundo real.

De novo, vasculhei a internet e comecei a imprimir todos os artigos sobre a mesothelin e os métodos de detecção que pude encontrar. Aquilo estava me consumindo. Eu levava os textos para a escola para lê-los enquanto deveria estar fazendo as lições.

Um dia, logo depois da metade do primeiro ano, consegui um artigo sobre nanotubos de carbono de parede simples na aula de biologia. São tubos longos e finos de carbono, átomos da espessura de 1/50 milésimo do diâmetro de um fio de cabelo. Apesar das dimensões mínimas, os nanotubos de carbono têm propriedades incríveis. Eles são tipo os super-heróis da ciência material.

Para ler discretamente o artigo durante a aula, eu precisava ter muito cuidado. Minha professora de biologia tinha uma estranha sensação quando eu não estava prestando atenção. Ela não somente possuía olhos atrás da cabeça; era como se tivesse olhos nas laterais da cabeça também.

Enquanto eu estava lendo o texto embaixo da mesa, deveria estar prestando atenção a outros tipos de moléculas interessantes, chamadas anticorpos. São moléculas muito valiosas, porque reagem apenas a uma proteína específica e são normalmente utilizadas pelo nosso sistema imunológico para combater vírus e bactérias.

E, então, sentado na sala de aula, tive um insight: eu poderia combinar o tema que estava lendo — nanotubos de carbono — com aquilo em que deveria estar prestando atenção — anticorpos.

Foi um daqueles momentos em que tudo começou a se juntar em minha mente. Eu poderia pegar os nanotubos e misturá-los com anticorpos (imagine que seria algo como colocar almôndegas no espaguete) para obter uma rede que reage a apenas uma proteína — nesse caso, a mesothelin. Quando a mesothelin reagisse com o anticorpo, os dois juntos formariam uma molécula maior chamada imunocomplexo (imagine uma molécula super-reforçada de proteína). Quando essa molécula gigante se formasse, separaria os nanotubos vizinhos e faria a rede se espalhar, como quando pegamos um feixe de fios e tentamos separá-los. Nesse estágio, haveria menos conexões entre os nanotubos vizinhos, e, assim, menos caminhos para que os elétrons seguissem ao viajar pela rede, aumentando a resistência elétrica! Então, as propriedades elétricas dos nanotubos mudariam, e isso era algo que eu poderia medir.

Eu sentia o prazer de ver todas as peças do quebra-cabeça se encaixando em minha mente... E então... Bum! No meio da descoberta, lá estava a professora de biologia vindo em minha direção. Ela tinha um olhar feroz. De novo.

Fique frio, Jack.

— Sr. Andraka! — ela gritou.

Desde o momento em que eu entrara pela primeira vez em sua sala, ficara óbvio que aquela professora não gostava de mim. Eu fazia muitas perguntas. E nem sempre fazia as coisas do jeito como a apostila ensinava.

Freneticamente, comecei a formular minha resposta, mas, antes que tivesse tempo de responder, ela pegou da minha mão o artigo sobre nanotubos de carbono e o ergueu no ar com desdém, como se segurasse uma revista pornô.

— O que é isto? — rosnou.

É um artigo científico. Não deveria ser uma coisa boa?, eu quis dizer, mas não disse.

— É um artigo científico — respondi.

Ela respondeu com outro olhar indignado e se afastou, levando o texto.

Está de brincadeira. Que ótimo!

A professora depositou meu texto nas profundezas sombrias de sua mesa. Eu sabia o que isso significava. Só haveria uma maneira de tê-lo de volta. Eu teria que esperar até depois da aula, ir até ela e implorar.

Hora de engolir o orgulho, Jack.

Quando o sinal tocou, fui até lá. Foi quando tive que me sentar e suportar seu prolixo discurso sobre "respeito". Eu não estava respeitando a aula dela. Não estava respeitando a lição. Eu não tinha respeito por nada. Eu era muito desrespeitoso!

Enquanto ela falava, devo ter reagido fisicamente, balançando a cabeça no momento apropriado, mas eu estava em um mundo diferente, preso à emoção de minha ideia.

É isso!

Esmagar esses anticorpos em uma rede de nanotubos de carbono deveria funcionar, pelo menos na teoria. No entanto, havia um problema. Essas redes de nanotubos de carbono são extremamente frágeis e precisariam de apoio. Depois da escola, fui direto para casa, sentei no chão do quarto e comecei o brainstorming.

Hmmm... O que seria barato mas poderia oferecer um pouco de apoio? Já sei! Papel!

Deve ser fácil. Começo com um pouco de água, despejo alguns nanotubos, adiciono anticorpos, misturo, pego um papel, mergulho-o, seco-o e detecto o câncer em segundos, muito antes de ele se tornar fatal. Com esse material, vai custar apenas alguns centavos!

De repente, um pensamento me ocorreu e frustrou meu plano brilhante. Não havia absolutamente nenhuma possibilidade de minha mãe me permitir fazer pesquisas sobre câncer na bancada da cozinha, nem mesmo no porão. Eu também não tinha o equipamento necessário. Precisava de um laboratório de verdade.

Consultei a internet. Descobri que a única maneira de um garoto de 14 anos ter acesso a um laboratório de verdade era, primeiro, fazer uma descrição passo a passo da ideia e do plano, o que se chama proposta, enviá-la para todos os médicos especializados em câncer de pâncreas e esperar que um deles acreditasse o suficiente em minha ideia para me aceitar.

Os quatro meses seguintes da minha vida foram passados trabalhando em um projeto experimental e na proposta de minha teoria. Foi mais difícil que prestar atenção em biologia. Minha proposta tinha que ter mais de trinta páginas e incluir um orçamento, uma lista de material, um cronograma, as dificuldades e os reagentes, que são substâncias utilizadas em análises químicas. Descrevi nos mínimos detalhes a teoria de conectar anticorpos específicos de mesothelin. Depois de fazer os últimos retoques na proposta, entrei em todos os diretórios de universidades da região e compilei uma lista dos médicos que poderiam me aceitar. Depois que eu conseguisse ser aceito, teria que escolher o melhor laboratório. Seria divertido! Nas 48 horas seguintes, disparei minha proposta para duzentos professores diferentes em lugares como a Universidade Johns Hopkins e os institutos nacionais de saúde — essencialmente, qualquer um que tivesse alguma coisa a ver com o câncer de pâncreas. E me sentei à espera da chuva de e-mails dizendo a mim mesmo: "Você é um gênio! Você vai salvar todos nós!"

E esperei. E esperei. E esperei.

6

Perder para vencer

No dia seguinte, eu estava parado em frente ao meu armário pegando os livros para a aula de biologia quando Damien se aproximou. Infelizmente, Damien era um dos vários colegas que haviam ido comigo para a nova escola.

— E aí, Jack? — ele disse, me dando tapinhas no ombro. — No que anda trabalhando ultimamente?

Eu sabia que só havia uma razão para aquele garoto ser legal comigo. Dado meu histórico de sucesso recente nas feiras de ciências, percebi que ele estava ciscando para obter informações.

Entendi sua atitude como desespero. Afinal, éramos calouros do ensino médio. Isso significava que, pela primeira vez, o vencedor de nossa feira de ciências seria poderia se qualificar a uma viagem para a Feira Internacional de Ciência e Engenharia da Intel com todas as despesas pagas. Ou, como os adoradores da ciência dizem, ISEF.

Dois anos haviam se passado desde aquela viagem incrível a San Jose, na Califórnia, quando eu estava no sétimo ano e vi Luke subir ao palco para receber o prêmio especial. Testemunhar a elite das mentes adolescentes na Via Láctea fez todas as minhas realizações parecerem pequenas perto delas. Ao mesmo tempo em que a estadia no ISEF havia sido instrutiva e revigorante, também me deixou desolado. Foi como se eu ganhasse o mais espetacular X-búrguer com bacon e, depois de dar uma mordidinha, ele fosse arrancado de minha boca. Eu ainda tinha o gosto do ISEF na boca, e queria mais.

Damien ficou parado poucos metros à minha esquerda, observando meu rosto em busca de pistas.

— Ah, não muita coisa — respondi, dando de ombros. — Estou tentando pensar em algo.

Sou um péssimo mentiroso.

— Que merda — ele disse —, porque este é o ano em que você vai dançar, Andraka.

— É, tem razão — respondi.

Eu sabia que minha resposta havia sido fraca, mas não me importei. Discutir nunca foi o meu forte. Além do mais, eu havia decidido deixar que meu projeto falasse por si.

No entanto, para que meu projeto de ciências valesse seu peso em nanotubos, eu precisava ser aceito em um laboratório, e rápido. Quando o último sinal tocou, corri direto para casa esperando que um e-mail estivesse esperando por mim com a notícia de que havia sido aceito em um laboratório. Chequei a caixa de entrada. Nada.

Não precisa se preocupar, eu disse a mim mesmo. *Médicos são pessoas ocupadas.*

Passei muito tempo na frente do computador naquela primeira noite. Quando não estava atualizando a página a cada poucos segundos, passava o tempo estudando as fotos que os médicos postavam em suas páginas de perfil do hospital. Não pude deixar de notar que todos eram atraentes.

No dia seguinte, quando cheguei da escola, vi que finalmente havia recebido minha primeira resposta.

Abri o e-mail.

Agradeço o interesse no espaço de nosso laboratório para sua pesquisa. Infelizmente...

Era uma recusa na forma de resposta automática. Não precisei ler mais.

É estranho, eu disse a mim mesmo, dando de ombros. *Acho que ela não entendeu.*

Mais tarde, meu pai e eu fomos à baía de Chesapeake para fazer um teste com as tiras de papel-carbono. Queríamos ver se as tiras eram suficientemente sensíveis para detectar a *E. coli* na baía. O teste funcionou, e, infelizmente para aqueles que dependem da baía para o abastecimento de água, detectamos nela grandes quantidades de bactérias mortais.

Quando cheguei em casa naquela noite, havia outra recusa.

Agradecemos o interesse no espaço em nosso laboratório para sua pesquisa. Infelizmente...

Não fazia sentido. Abri minha proposta e a revisei para ver se continha erros. Estava tudo certo. Pensei que talvez houvesse cometido alguma falha terrível em minha carta de apresentação.

Caro dr. Fulano,

Sou estudante, frequento a Escola de Ensino Médio de North County. Atualmente, estou fazendo um projeto para a feira de ciências sobre o uso de nanotubos e anticorpos para detectar o câncer de pâncreas (cepa RIP1). Para meu projeto, pretendo produzir antígenos e anticorpos por meio da imunização de camundongos com MUC1. A MUC1 será derivada do RIP1 xenoenxertado em ratos e será extraída usando um fenol a quente: processo de extração de água.

Meu procedimento está anexo a este e-mail. Gostaria de saber se eu poderia trabalhar em seu laboratório para produzir MUC1, que será a seguir utilizada para produzir a proteína PAM4. Obrigado por seu tempo. Seu trabalho é absolutamente incrível. Se não puder me ajudar, poderia me indicar a alguém que possa.

Atenciosamente,
Jack Andraka

Achei que estava boa. Era simples, com um toque perfeito de bajulação. No entanto, nessa segunda leitura, notei um erro na última frase. Eu havia colocado ponto final onde deveria ter posto um ponto de interrogação. *Irgh.*

Na semana seguinte, um terceiro e-mail de recusa chegou. E um quarto. E um quinto.

Agradecemos o interesse no espaço de nosso laboratório para sua pesquisa.

Lamentamos informá-lo que não temos condições de disponibilizar o espaço. Obrigado, e boa sorte com sua pesquisa.

Mais uma vez, meu otimismo juvenil se manteve firme. *Talvez eles não tenham lido. Afinal, tem trinta páginas,* expliquei a mim mesmo. A maioria dos médicos ainda devia estar avaliando minha proposta, e algum deles ainda poderia me oferecer espaço. Porém, como um vírus transmitido pelo ar em um avião transcontinental, as recusas continuaram se multiplicando em minha caixa de entrada.

Eu gostaria de ajudar, mas o laboratório está cheio de alunos. Não podemos aceitar mais nenhum.

Outra lição que aprendi: a aparência dos médicos em suas fotos de perfil nos sites dos hospitais nem sempre corresponde à sua disposição.

Caro sr. Andraka,

Embora sua ideia inicialmente tenha parecido interessante, o procedimento está muito longe de ter qualquer significado em nosso campo. Antes de continuar fazendo meus colegas pesquisadores perderem seu precioso tempo, sugiro que estude mais seu campo de interesse.

Essa doeu.
Um pequeno consenso estava se formando entre os médicos no campo de pesquisa sobre o câncer de pâncreas, e foi

se tornando impossível ignorá-lo: Jack, essa é a pior ideia *do mundo.*

Após os primeiros 15 dias, comecei a ficar com medo de ligar o computador e verificar minha caixa de entrada. Ouvir as pessoas dizendo que sua ideia é uma merda é muito ruim, mas pior ainda era saber que cada rejeição significava uma chance a menos de alcançar meu objetivo. Comecei a fazer uma tabela com as respostas. Com três semanas, o placar parecia insuperável: 114 pessoas haviam me rejeitado. Nem uma única havia me aceitado.

No dia seguinte, na hora do almoço, eu me abri com Chloe sobre as recusas. Tenho a firme convicção de que reclamar durante as refeições é grosseria, mas não pude evitar.

— Não faz mal — comentei. — Nada disso tem importância.

Peguei o sanduíche de manteiga de amendoim e geleia que minha mãe tinha feito e dei uma mordida raivosa nele.

— É porque eu sou muito novo — prossegui. — Esses médicos não conseguem ignorar minha idade. Não conseguem superar o fato de eu ser um adolescente. Não estão nem aí para minhas ideias. Simplesmente, não querem ter que me supervisionar.

Olhei para Chloe. Não levei muito tempo para descobrir todas as coisas que nós tínhamos em comum; e a mais importante era a curiosidade acerca da natureza e a crença obstinada de que faríamos qualquer coisa que quiséssemos na vida. Chloe também mostrou ser uma ótima ouvinte, o que naquele momento eu realmente agradeci.

— Estou cansado de tudo e de todos — prossegui.

Minha voz foi ficando mais alta, começando a indicar raiva.

— Jack — ela disse, com os olhos cheios de compaixão ao colocar sua mão sobre a minha —, seu rosto está sujo de geleia.

Esqueci tudo. Rachamos de rir. Sim, eu estava estressado, mas naquele momento também estava grato. O ensino fundamental havia acabado e eu estava almoçando em uma mesa de verdade, com uma grande amiga.

Mas eu ainda não havia tido nenhuma resposta positiva. Eu havia dado tudo que tinha. E enviado minha melhor proposta a cada médico que pudesse me ceder espaço em seu laboratório. Era evidente que ninguém estava levando minhas ideias a sério. Eu não tinha um plano B. Não havia pensado tão longe.

Meus pais começaram a se preocupar. Escolheram um preguiçoso domingo de manhã para sentar comigo e conversar. Meu pai é tão prático que foi direto ao cerne da questão: eles não acreditavam que minha ideia funcionaria, e tinham medo de que a decepção fosse demais para mim. Eu estava exausto, tentando parecer atento, apesar de ter revisado feito louco minha proposta, repetidamente, em busca de qualquer coisa que pudesse estar provocando o desinteresse dos médicos.

Meus pais tinham muitos argumentos. Eu, só duas palavrinhas.

— Mas funciona!

Depois de falarem muito, eles trocaram um longo olhar.

— Se você acredita tanto nisso — concluiu meu pai —, nós podemos continuar.

Era difícil discutir com os argumentos que meus pais haviam utilizado. Quase duzentos dos médicos mais ilustres do mundo haviam visto minha proposta; muitos deles haviam estudado o câncer de pâncreas durante toda a sua carreira, e, sem exceção, todos disseram não. Apesar de me darem sua bênção para prosseguir, era evidente que meus pais também não estavam convencidos de que a ideia funcionaria. *Mais alguém acredita nesse projeto além de mim?*

Comecei a questionar se eu mesmo acreditava no projeto. Talvez eu tivesse deixado passar alguma coisa. Talvez, se eu revisasse a proposta mais uma vez. Ou cem vezes.

Conforme a semana foi passando, mais seis respostas chegaram. Todas negativas.

Eu já estava desesperado. Tomei a decisão arriscada, e meio assustadora, de consultar meu irmão mais velho.

Não havia uma mente no mundo que eu respeitasse mais que a de Luke. Por isso, eu precisava falar com ele. Eu sabia que ele não apenas seria honesto comigo como também, provavelmente, estaria certo.

No entanto, quando fui falar com ele, eu me senti como se estivesse indo para a guilhotina. Depois de mostrar a proposta e de repassar com ele todas as minhas conclusões, observei cuidadosamente, por cima do seu ombro, enquanto ele analisava as páginas. Enquanto lia, ele ocasionalmente fazia uma pausa, olhando para cima, como se estivesse absorto em pensamentos.

Depois que folheou a última página, eu me preparei e esperei que arrasasse meus sonhos com a lógica implacavelmente afiada de sua mente.

Então, ouvi um grunhido estranho, seguido de uma pausa. Esperei.

— Funciona — ele disse.

Prendi a respiração, esperando a ironia que certamente viria a seguir. Mas, em vez disso, ele apenas repetiu para si mesmo:

— Funciona. — E acrescentou, dessa vez com ênfase: — Vai funcionar.

Suas palavras me atingiram como uma injeção de adrenalina direto no coração. Senti vontade de pular e dar um soco no teto, mas meu orgulho não me permitiria. Em vez disso, fingi indiferença:

— Eu sei — respondi casualmente, puxando a cópia da proposta de suas mãos e me dirigindo à cozinha para fazer um lanche. — Eu só estava checando.

Desse momento em diante, nunca mais duvidei do valor de minha ideia.

Em maio, um mês e 192 rejeições depois, voltei da escola, abri a caixa de entrada e me preparei para o nocaute certo.

No assunto, lia-se: "Mensagem do dr. Anirban Maitra."

É uma proposta realmente interessante. Venha falar comigo sobre ela.

Eu não tinha certeza de que podia confiar em meus olhos, então li as palavras de novo: "*Venha falar comigo sobre ela.*"

— Mamãe! — gritei.

Minha voz deve ter ecoado mais com terror do que com triunfo, porque minha mãe e Luke correram para ver a imagem na tela à minha frente.

— Jack! — ela disse.

— Olhe!

Um, dois, três...

Ambos explodiram em um rugido.

— Que maravilha! — Luke gritou, me dando um tapinha no ombro. — Você conseguiu.

E não era um médico qualquer. O dr. Anirban Maitra, do Johns Hopkins, em Baltimore, era uma das mentes mais proeminentes do mundo sobre o tema câncer de pâncreas. Entendi que ainda não havia sido aceito, mas que estava com um pé na porta.

O próximo passo foi aprender *tudo* sobre ele.

Entrei na internet e estudei seu currículo. Era maior que minha antiga lista de proteínas: professor de patologia e oncologia no Centro de Pesquisa do Câncer de Pâncreas Sol Goldman; professor associado do departamento de química e engenharia biomolecular; professor associado do Instituto de Medicina Genética McKusick-Nathans. O dr. Maitra era do pelotão de elite.

Era especialista no estudo da melhor maneira de utilizar as diferenças bioquímicas específicas entre o câncer e as células normais, a fim de que a quimioterapia danificasse apenas as células cancerosas, não as saudáveis. Também estava trabalhando em abordagens revolucionárias para a identificação de genes anormais de câncer de pâncreas utilizando tecnologia de ponta, o chip genético, que permite aos cientistas pesquisar múltiplos *loci* genéticos — inclusive, em alguns casos, todo o genoma humano — à procura de anomalias singulares desse tipo de câncer, mas não presentes em tecidos normais. Talvez eu não entendesse exatamente o que tudo aquilo significava, mas entendia o suficiente para saber que estaria diante da realeza!

A entrevista foi marcada para duas semanas depois. Quando o grande dia chegou, eu me sentia meio doente. Todas as recusas haviam abalado minha confiança. Eu sabia que a teoria era boa, mas estava nervoso e não tinha certeza se seria capaz de expor minhas ideias de forma eficaz.

O hospital ficava em Baltimore, a cerca de trinta minutos de minha casa. Foi uma viagem de carro silenciosa. Eu ficava repetindo todos os pontos principais que não queria esquecer.

Ao misturar os anticorpos em uma rede de nanotubos de carbono, poderei identificar uma única proteína, que, no caso, é a mesothelin, que servirá como biomarcador para o câncer de pâncreas. Usando papel-carbono, terei algo forte o suficiente para dar suporte aos frágeis nanotubos de carbono.

Abracei minha mãe quando ela me deixou na frente do hospital.

— Você vai se sair muito bem, Jack. Seja você mesmo — ela recomendou.

Entrei no hospital e me apresentei à recepcionista.

— Olá. Sou Jack Andraka.

Abri meu maior sorriso. Ela me olhou como um caixa de banco antes de oferecer um pirulito a uma criança.

— Vim ver o dr. Maitra — acrescentei.

— Claro, por aqui — ela disse.

E me levou por um corredor. Nada de pirulito.

Concentrei-me em meus pés. Nada de tropeçar. Não aqui. Não agora. Ela parou na frente de uma sala. Pela porta aberta eu podia ver algumas placas nas paredes. Lá dentro, esperando, estava o dr. Maitra. Ele se apresentou. Eu apertei sua mão.

— Olá, Jack. É um prazer conhecê-lo.

O homem fazia jus à sua foto. Tinha um sorriso naturalmente curioso e cauteloso.

O dr. Maitra possuía uma aura de sabedoria; falava lenta e firmemente, e minha primeira impressão foi a de que era paciente e sincero.

— Fiquei muito impressionado com sua proposta — ele disse. — Notável para alguém de sua idade.

Senti a confiança renovada ao explicar meu processo e lhe mostrar como havia chegado a cada conclusão. Enquanto eu falava, ele balançava a cabeça ocasionalmente.

Tudo parecia estar indo bem. Quando achei que estávamos encerrando a entrevista e já me preparava para as palavras que esperava ouvir — que ele ia me ceder espaço em seu laboratório —, ele disse:

— Venha por aqui, por favor.

Fui conduzido a uma pequena sala de conferências, onde, do nada, vários médicos começaram a aparecer, como por geração espontânea. O bando começou a disparar perguntas para mim a torto e a direito!

Eu me preparei. Não havia chegado até ali para morrer na praia. Algumas respostas eu sabia. Outras, meio que improvisei.

Pergunta: "Como você chegou à conclusão de que a mesothelin era o biomarcador?"

Resposta: "Analisei cada proteína individual, uma por uma, até encontrar uma que atendesse os critérios."

Pergunta: "Como você chegou à conclusão de que os nanotubos seriam eficazes?"

Resposta: "Percebi que poderia pegar nanotubos e misturá-los com anticorpos para criar uma rede que só reaja à mesothelin."

Eles eram implacáveis. Foi cansativo. Parecia que eu havia envelhecido um ano durante o interrogatório de duas horas.

Por fim, acabou. Eu havia sobrevivido. Analisei o rosto dos médicos. Pareciam satisfeitos.

A seguir, chegaram as palavras que eu ansiava ouvir:

— Muito bem. Vamos fazer — sentenciou o dr. Maitra.

Eu poderia usar seu laboratório. Na verdade, ele concordou em me deixar usar um cantinho do laboratório, e designou um de seus assistentes para se certificar de que eu não iria fazer tudo explodir. Na prática, eu estava no negócio. Ficou evidente que o dr. Maitra era um médico excepcional, mas o fato de alguém com sua posição na comunidade médica estar disposto a aceitar as ideias de um garoto me mostrou que ele também era uma pessoa excepcional.

Minha mãe, que ficara esperando todas aquelas horas do lado de fora do hospital no SUV da família Andraka, estava olhando para a porta quando eu saí.

Ergui o polegar e corri até ela.

— Eu sabia que você conseguiria, Jack — ela gritou pela janela aberta do lado do motorista. — Quando você começa?

— Daqui a dez dias.

Embora fisicamente eu tenha passado a semana seguinte na escola, mentalmente já estava em meu novo laboratório, testando o procedimento passo a passo. Como já havia descoberto a proteína — mesothelin — e encontrado um jeito de testá-la com as tiras de papel, eu estava confiante de que a parte mais difícil havia ficado para trás. *Devo levar um dia,* garanti a mim mesmo. *Dois dias, no máximo.*

Meu pai já havia me ajudado a construir um instrumento de acrílico que eu poderia usar para segurar as tiras enquanto lia as correntes. Peguei duas agulhas de costura de minha mãe para usar como eletrodos. Eu estava tirando o máximo proveito de meus recursos familiares.

Em meu primeiro dia no laboratório, aprendi uma coisa nova. Eu era *péssimo* para fazer pesquisa laboratorial.

Apenas algumas horas depois de minha mãe me deixar lá no primeiro dia contaminei minha experiência espirrando em meus frascos de células.

Sério, eu espirrei em cima deles! Quem faz uma coisa dessas?

Fiquei tão envergonhado que escondi a bandeja de culturas contaminadas cobertas com muco no meio de diversos frascos, de modo que ninguém veria minha falha amadora. Destruir algo com um espirro pode parecer engraçado até você perceber que isso significa horas de trabalho duro desperdiçado, tudo porque esqueci de virar a cabeça ou de levar um lenço. No entanto, não foi a única vez que meu espirro me levou às lágrimas. Pouco tempo depois, tive outra calamidade nasal.

Eu havia cuidadosamente criado meus nanotubos de carbono, que se parecem com uma sopa de tomate preta, e os colocara em um banco. E, então, aconteceu de novo. A força de meu espirro fez os nanotubos caírem do banco e se espatifarem no chão.

Dessa vez havia outros cientistas no laboratório. Todo mundo olhou para mim, enquanto eu observava a mancha negra se espalhando pelo chão. Eu me senti um idiota. Um fato interessante acerca dos nanotubos que a maioria das pessoas não percebe é que eles mancham. Os zeladores da noite não tinham ideia de como cuidar da bagunça que eu deixei. Até hoje a mancha está lá; um lembrete permanente de minha passagem pelo laboratório.

Eu achava que estava me saindo melhor até que, 12 semanas após o início dos trabalhos no laboratório, tropecei nos cadarços desamarrados de meus tênis vermelhos e caí sobre meus tubos de ensaio com cultura de células. Observei, impotente, enquanto todos eles se espatifavam no chão. Eu havia levado dois meses para cultivar as células MIA PaCa-2, que replicariam as células de câncer de pâncreas em meu teste. Teria que começar do zero de novo.

Minha mãe sempre me enchia por causa de meus tênis: *Você deixa esses cadarços soltos e um dia vai se arrepender, Jack.*

E me arrependi.

Mas todos os meus problemas foram pequenos em comparação com minha luta contra o Western blot. O Western blot, também chamado de imunomarcador de proteínas — ou, no que me dizia respeito, o diabo encarnado —, é uma máquina que usa eletroforese em gel para separar as proteínas pela estrutura 3D ou pelo comprimento. As proteínas são, então, transferidas para uma membrana, onde são coradas com anticorpos específicos para a proteína em questão.

Se dá dor de cabeça só de ler, experimente fazer. As medições precisas e os cuidados necessários para cada etapa eram como um jogo de cirurgia. Toda vez que eu cometia o menor erro, ou calculava minimamente mal alguma coisa, tinha que jogar todo o trabalho fora e começar de novo. Então, se não conseguisse dominar com sucesso o Western blot, teria que enfrentar a igualmente difícil tarefa de misturar os anticorpos humanos específicos de mesothelin com nanotubos de carbono de parede simples, que eu havia usado para revestir as tiras de papel-filtro para fazer o papel condutor.

O próximo passo requeria o uso de um microscópio eletrônico de varredura para determinar a estratificação ótima do papel. Se eu não tivesse pisado na bola no processo, as células MIA PaCa deveriam ter crescido com quantidades variadas de mesothelin, e poderiam, então, ser testadas contra o papel biossensor. Só vi os resultados de minha experiência

depois de representar graficamente as medições de eletricidade com as tiras de papel de teste. Isso deveria revelar exatamente a quantidade da proteína biomarcadora mesothelin
no sangue.

Na maioria dos dias, eu achava que nunca conseguiria. Se
eu não contaminava as experiências com meus espirros ou as
derrubava, acidentalmente assava as culturas na incubadora.

Como eu era o mais novo no laboratório, não tinha muito
a comentar quando os médicos falavam sobre seus cônjuges e
filhos, e tinha vergonha de meu desempenho. Estava envergonhado por causa da mancha preta no chão e pelo fato de
ter chamado o fórceps de pinça, o que os fez rir. Quando os
médicos se sentavam ao redor de uma mesa perto do laboratório, eu levava minha comida para uma escadaria. Era melhor
que comer no banheiro da escola.

Enquanto eu comia na escada, lembrava os 192 médicos
que haviam me rejeitado e me perguntava se o dr. Maitra não
estaria começando a se arrepender do dia em que me cedera
espaço em seu laboratório.

Talvez o dr. Maitra esteja fazendo caridade comigo.

Às vezes, depois de voltar do laboratório para casa, eu encontrava outro e-mail de recusa.

Caro sr. Andraka,

*Depois de revisar sua ideia, ficou claro que você deve es-
tudar por mais alguns anos.*

Atenciosamente,
Dr. Fulano

Quanto mais eu trabalhava, mais via que havia inúmeros buracos em minha teoria original. Depois de cinco cansativos meses no laboratório, a única coisa que eu tinha para mostrar de meus esforços era a mancha de nanotubos no chão, do tamanho de um disco de hóquei.

Um dia, fui para meu lugar secreto debaixo da escada e chorei muito. Eu me sentia o cientista mais azarado do mundo. Naquela noite, fui para casa e reli na internet uma passagem sobre o lendário inventor Thomas Edison.

Em 10 de dezembro de 1914 dez edifícios inteiros, cheios de experiências preciosas de Edison, foram tomados por chamas e destruídos. Grande parte do trabalho de toda a vida de Edison virou cinza naquela noite. Ele tinha mais de 60 anos, e muitos acreditavam que os dias de Edison como grande inventor haviam virado fumaça também.

No entanto, enquanto observava as chamas queimarem anos de registros e protótipos, Edison se voltou para um repórter do *New York Times* e disse: "Embora eu tenha 67 anos de idade, vou começar tudo de novo amanhã. Estou esgotado esta noite, mas amanhã haverá uma mobilização aqui e os escombros serão removidos, se tiverem esfriado bem. E eu vou voltar ao trabalho para reconstruir a fábrica. Só há uma coisa a fazer — prosseguiu Edison —, mergulhar de cabeça e reconstruir."

Edison foi além, e começou a explicar que o fogo era, na verdade, uma grande oportunidade. Agora que o "lixo" de sua antiga fábrica havia sido queimado, ele poderia começar a tarefa de construir outra maior, que seria melhor que a antiga, como disse a seu filho. E, então, usando o casaco enrolado como travesseiro, encolheu-se em uma mesa dentro de um dos edifícios da fábrica incendiada e adormeceu. Quando Edison acordou, olhou para as ruínas e refletiu: "Há um grande valor nos desastres. Todos os nossos erros são queimados. Graças a Deus nós podemos começar de novo." Assim, imediatamente começou a se dedicar ao trabalho de ter sua fábrica instalada e funcionando de novo. Seus empregados trabalhavam em turnos dobrados e produziam mais do que nunca.

Não era só a genialidade inata de Edison que o separava dos outros cientistas de sua época. O que eu adoro nessa passagem é a capacidade de Edison ver os erros como trampolins. Três semanas após o incêndio ele inventou o fonógrafo, o primeiro dispositivo para gravar e reproduzir sons.

Comecei a ver que, apesar de muitos dos erros que eu estava cometendo serem resultado da inexperiência, outras vezes, como no caso do Western blot, eles me ensinaram a ser mais cuidadoso e a prestar mais atenção aos detalhes do trabalho. Fiz um esforço consciente para ver os contratempos como oportunidades e me lembrar de que em cada erro havia uma pista que poderia me levar um passo adiante na criação de um método de detecção precoce do câncer de pâncreas.

Durante esses dias as palavras de tio Ted nunca ficaram muito longe de minha mente:

Devagar, Jack, você vai conseguir fazer o que precisa. Tudo vai dar certo.

Ganhei novo ânimo e comecei a trabalhar mais horas todos os dias depois da escola e até depois da meia-noite aos sábados. Eu mal comia. Quando me lembrava de que precisava de comida, minha dieta consistia em pizza, ovos cozidos e Twix. Trabalhei no Dia de Ação de Graças e no Natal. Quando precisava dormir, dava uma escapada para baixo da escada, onde eu havia feito um colchão com revistas e artigos impressos de periódicos, e usando meu moletom como travesseiro, tirava um rápido cochilo. Eu achava que aquele era um ótimo espaço, bem escondido, até que, certa vez, acordei de um cochilo e vi o dr. Maitra olhando para mim totalmente confuso.

— Olá, dr. Maitra.

— Olá, Jack.

Ele saiu balançando a cabeça.

Em meu aniversário de 15 anos levei um monte de chapéus de festa e bandeirinhas coloridas da loja de um dólar e decorei meu espaço de trabalho com cartazes de parabéns. Era um fim de semana, e o laboratório estava vazio.

Certa noite, no fim de dezembro, depois de sete longos e extenuantes meses no laboratório, eu estava passando por uma fase particularmente difícil. Não importava o quanto me esforçasse, não conseguia atravessar o processo sem cometer um erro.

Eu havia memorizado minha lista de verificação processual (que é como uma espécie de receita) e mantinha um lenço por perto para o caso de eventuais espirros inesperados.

A primeira coisa que eu sempre fazia era me certificar de que tinha todos os ingredientes certos à mão:

1. Proteína mesothelin.
2. Uma dúzia de tubos de ensaio na estante.
3. Tampão fosfato-salino — uma solução de sal de base aquosa contendo fosfato de sódio e cloreto de sódio.
4. Uma pipeta, que é um conta-gotas químico que parece uma seringa grande.
5. Uma dúzia das minhas tiras de papel biossensor personalizado encharcadas de nanotubos, cada uma com cerca de metade do tamanho de um dedo mínimo.

6. Um ohmímetro — dispositivo que mede correntes elétricas.

Tendo tudo isso, eu estava pronto para começar a trabalhar.

Primeiro, precisava combinar com os anticorpos os nanotubos de carbono, que parecem uma fuligem preta e pesam cerca de um grama, vertendo os dois em tubos de ensaio e misturando-os.

Não era fácil. Os nanotubos de carbono se unem e formam feixes, que precisam ser descompactados com ondas de ultrassom, procedimento chamado de sonicação. As ondas ultrassônicas criam vibrações que fazem esses feixes se rasgarem para que possam ser usados nos testes.

Depois, eu fazia minhas tiras de teste pegando uns pedaços de papel-filtro e cortando-os em tiras de cinco por cinco centímetros, antes de mergulhá-los em minha sopa de nanotubos-anticorpos. Cada tira tinha que ser mergulhada e secada 13 vezes. Levei vinte horas para fazer o primeiro lote, porque a umidade do ar atrapalhava. Mas acabei aprendendo um jeito de secá-las mais rapidamente, colocando-as em um tubo de vácuo para sugar toda a água. É o mesmo processo que se usa para fazer comida de astronauta.

Quando as tiras de teste estavam secas, eu colocava minha amostra de mesothelin no papel-carbono embebido para ver se a proteína reagiria à rede de anticorpos. Para ver os resultados, eu punha eletrodos na tira e usava o ohmímetro para medir o pulso elétrico. O processo era trabalhoso. Cada pequeno passo era demorado e tinha que ser absolutamente impecável. Se minha teoria estivesse certa, as leituras mostrariam que os anticorpos nas tiras de papel teriam detectado meu biomarcador.

Trabalhei furiosamente nessa equação matemática. Fiz um gráfico das medições das correntes elétricas, juntamente com as várias quantidades de soluções de proteínas individuais, para encontrar algo chamado resposta dose-dependente, basicamente, para ver como tudo se combinava. Eu só descobria se havia cometido um erro depois de completar um lote inteiro.

Estraguei o primeiro lote e tive que recomeçar. Depois, contaminei o segundo lote também. Mais três horas gastas criando o terceiro lote resultaram em um novo fracasso.

Enquanto isso, minha mãe me esperava no estacionamento. Estava ficando tarde. Eu me sentia cansado. *Talvez eu devesse encerrar por hoje*, pensei.

Decidi tentar novamente. Pela quarta vez, comecei o cansativo processo de preparar o lote de soluções, sugando um pouco de proteína dos frascos com minha pipeta, pingando as proteínas nas tiras de papel de teste encharcadas de nanotubos e, a seguir, conectando o ohmímetro às tiras de papel e registrando os números.

Espere aí! O que é isso?

Quando comecei a representar graficamente os valores, algo estava diferente. Os números mostravam que meu teste com pequenas tiras de papel havia detectado o biomarcador!

Repassei os números de novo. Estava dando certo. O ohmímetro estava medindo os níveis de mesothelin nas soluções!

Meu teste havia revelado uma correlação direta entre a quantidade de proteína na solução e as mudanças nas propriedades elétricas. Isso significava que sua sensibilidade era bastante boa para detectar o câncer de pâncreas. Meus resultados estavam passando em todos os testes preliminares!

Puta merda! Está dando certo?

Tomado de alegria histérica, eu corria em círculos pelo pequeno laboratório, gritando como uma hiena e tentando não derrubar nada. E, então, um pensamento me ocorreu: *É muito tarde. E se eu vi o que queria ver e não os verdadeiros resultados?*

Corri de volta e chequei os resultados de novo. Minhas mãos tremiam enquanto eu segurava o ohmímetro. Lá estava: minha hipótese estava correta.

Eu fiz isso?

Eu queria compartilhar o momento com alguém, qualquer pessoa, mas, vendo o laboratório vazio, percebi que eram duas e meia da madrugada de um domingo, e todos os outros haviam ido para casa horas antes.

Minha mãe! Preciso falar com minha mãe.

Eu havia esquecido minha pobre mãe! Ela ainda estava do lado de fora, provavelmente, dormindo no carro, esperando por mim. Voei até ela.

— Mãe, adivinhe! — Eu tinha um largo sorriso.

Meio adormecida, minha mãe abriu os olhos e sorriu, gemendo.

— Está dando certo! — gritei para ela.

Ela não respondeu com palavras. Começou a gritar. Eu também gritava; nós dois gritávamos.

Minha mente pensou em todas as implicações daquela realização. Meu papel biossensor custava menos de cinco centavos e levaria cinco minutos para funcionar, o que o tornava mais rápido, barato e sensível que o teste atual. Poderia salvar vidas, muitas vidas.

Era como se eu estivesse sonhando. Uma das melhores recordações de minha vida sou eu e minha mãe gritando a plenos pulmões no carro. Era como se eu pudesse levitar.

Mas, ao chegar em casa, senti uma pontadinha de dor. A pessoa com quem eu mais queria compartilhar minha alegria era tio Ted. Eu teria pegado o telefone e acordado meu tio. Ele teria adorado aquele momento mais que tudo.

Eu queria ficar acordado a noite toda pensando no futuro, no que aquela descoberta significava, mas precisava dormir. Afinal, tinha que ir à escola dali a algumas horas.

7

O garoto do papel para câncer

Quando o despertador tocou, na manhã seguinte, eu estava usando o mesmo moletom do dia anterior. Nem parecia que eu havia dormido. E, então, os acontecimentos do dia anterior me atingiram como um raio, fazendo-me sair da cama voando.

Aconteceu mesmo?

Será que eu sonhei?

Eu realmente criei um teste que funciona?

Abri a mochila, que estava ao lado da cama, peguei o caderno que havia usado para representar graficamente meus cálculos e comecei a folhear as páginas.

Ali estava! O gráfico de medições das correntes elétricas.

Peguei a calculadora e chequei os números de novo. Todos batiam.

Corri para baixo. Meu pai estava em pé na cozinha, com um olhar divertido.

— Noite longa? — perguntou, e sorriu para mim por cima do jornal.

Sim, e não seria a última.

Só porque eu havia detectado a mesothelin em amostras artificiais não queria dizer que meu trabalho no laboratório havia terminado. Eu ainda precisava descobrir se o teste poderia mostrar meu biomarcador em tumores pancreáticos humanos também.

Mandei um e-mail para o dr. Maitra comunicando minhas descobertas nas amostras artificiais e, mais importante, dizendo que precisava de novos suprimentos para começar a testar para tumores humanos. Ele concordou em me fornecer o que eu necessitava, mas não antes de declarar que estava orgulhoso de meu sucesso.

Uau! Excelente trabalho, Jack! É muito emocionante mesmo, ele escreveu.

No entanto, esse passo seguinte não seria isento de drama. Tivemos que usar camundongos vivos. Como proprietário de um furão, eu facilmente me apego a qualquer coisa pequena e peluda. A pior parte de toda a experiência talvez tenha sido o momento em que precisamos fazer eutanásia com gás nos ratos. Não consegui ficar na sala. Tive que ir para o corredor.

Em janeiro, consegui replicar nas amostras humanas o que havia feito com as artificiais. Era hora da virada. Naquele ano, a Feira Internacional de Ciência e Engenharia seria realizada em 12 de maio, em Pittsburgh, na Pensilvânia. Isso significava que eu tinha quatro meses para me preparar.

Eu sonhava com aquela feira havia anos. Sendo a maior competição de investigação científica do mundo do ensino médio, para mim era como o Super Bowl, o World Series, as finais da NBA, a Stanley Cup e as Olimpíadas, tudo junto e multiplicado por três.

Mas a ISEF é muito mais que um grande evento; é também uma celebração de seis dias da ciência, matemática e tecnologia, na qual jovens cientistas se reúnem para compartilhar suas ideias e experiências. Basicamente, meu conceito de paraíso na Terra.

A concorrência na ISEF é mais feroz que qualquer coisa que eu já experimentei. São 7 milhões de estudantes do ensino médio em todo o mundo, e só os 1.800 vencedores das feiras locais, regionais, estaduais e nacionais são convidados para participar. Todos aqueles meninos e meninas apresentam alucinantes projetos, dignos de reconhecimento. Eu não conseguia pensar em um lugar melhor no mundo para apresentar minha nova descoberta.

Assim que concluí o trabalho no laboratório, comecei a preparar minhas descobertas para o circuito da feira de ciências. Uma boa apresentação é aquela que pega a ciência complicada e a transforma em uma história que cativa as pessoas. E eu não queria só uma boa apresentação: queria que fosse ótima. Intitulei meu projeto "Um original papel biossensor para a detecção do câncer de pâncreas".

Antes de levar o projeto para a ISEF eu queria treinar mais. Comecei a pesquisar outras feiras, tentando encontrar aquelas que se encaixassem em minha agenda para eu ter tempo de preparar e coordenar as viagens. Tentei participar do maior número possível de treinos para a ISEF.

Fui, primeiro, para o Campeonato de Ciência Hopkins. Eu nunca havia participado dele, mas sabia que tinha excelente reputação. Essa feira foi um grande teste para ver como meu projeto se saía contra a concorrência mais treinada. Concorri ombro a ombro com um monte de brilhantes pesquisadores graduados, que eram muito mais experientes e mais velhos que eu.

Depois de montar minha exposição, comecei a ver muitos rostos conhecidos, mas não sabia de onde. De repente, percebi que estava reconhecendo os médicos que haviam me rejeitado. Lá estavam eles, perambulando pelo campeonato e dando apoio a diversos concorrentes meus que estavam sob a tutela deles. Outros, atuavam como juízes. Meu rosto ficou vermelho de raiva. Relembrei alguns dos rudes e-mails de recusa que menosprezavam a mim e minhas ideias. Eu queria que eles soubessem que eu não era só um garoto que havia desperdiçado o tempo deles. Minhas ideias também eram importantes.

Na cerimônia de premiação, eu tinha certeza de que a sorte estava contra mim. Achava que o mérito de minhas descobertas seria negligenciado devido a minha pouca idade. Fiquei chocado quando anunciaram que eu havia ganhado. A julgar pelo olhar no rosto de meus pais, não fui o único.

Talvez, pensei, aqueles médicos não fossem tão cruéis como eu pensava. Fiquei no evento um pouco além do que deveria, na esperança de que um deles me parabenizasse pela vitória. Mas nenhum o fez.

Foi ótimo ganhar, mas, mais que qualquer coisa, eu estava focado na ISEF. Eu sabia que para ter qualquer esperança de levar meu projeto para fora do mundo da teoria, para as prateleiras das farmácias, onde ele realmente poderia ajudar as pessoas, eu precisaria da ajuda da corrente principal da comunidade científica.

Eu tinha orgulho de todos os meus projetos do ensino fundamental II, mas a verdade era que nenhum deles havia sido efetivamente aplicado no mundo real ainda. Se outros cientistas pudessem ver o que eu havia feito com o câncer de pâncreas, talvez pudessem ajudar meu projeto a vingar, pensei.

Enquanto isso, na escola, era como se eu fosse um agente duplo. Eu ia às aulas, fazia as tarefas e saía com Chloe. Tranquilamente, eu vivia minha existência diária. Por dentro, porém, minha mente era um tumulto só.

Esse teste pode salvar vidas.

Esse teste pode acabar com o câncer de pâncreas como nós o conhecemos.

Se esse teste já existisse, talvez tio Ted ainda estivesse vivo.

Eu comia, bebia e dormia ISEF. Durante a aula, me pegava checando as coisas mentalmente sem parar, enquanto preparava a apresentação do projeto em minha cabeça.

— Jack, alguma ideia sobre o algoritmo?

— Como?

— Jack, você está me ouvindo?

— Desculpe.

Pairei sobre a escola, em transe, até que finalmente chegou a manhã em que minha mãe e eu entramos em nosso velho SUV para dar início à viagem para Pittsburgh. Meu pai e meu irmão nos seguiam de perto.

Quando chegamos ao hotel, era tarde, mas eu mal consegui dormir. Continuava passando e repetindo os diversos vídeos de cerimônias de premiação da ISEF do ano anterior. Na manhã seguinte, acordei animado demais para tomar café.

Quando entrei na sala de convenções, senti a mesma excitação de quando estava no sétimo ano e acompanhara Luke. Era o meu sonho. Fui direto para a cabine de inscrição.

E então... O desastre aconteceu. Tudo começou com a mais simples das perguntas.

— Documento, por favor.

Eu sabia que todo concorrente tinha que mostrar sua identificação para entrar. Olhei em minha carteira. Não estava lá.
Olhei para minha mãe. Ela olhou para mim. Nada. Eu havia
passado tanto tempo focado no evento que esquecera completamente do simples requisito de entrada.

— Esqueci o documento de identificação — eu disse.

Apesar de meu melhor sorriso patético, a funcionária da
ISEF permaneceu impassível.

— Desculpe, não posso deixá-lo entrar sem identificação —
ela disse, com a voz gentil, mas inflexível. — São as regras.

Respirei fundo. Não havia jeito de recuar. Eu sabia que
tinha que haver alguma maneira de resolver o problema.

— Sinceramente — implorei —, existe mesmo um monte
de gente ruim tentando entrar furtivamente em um concurso de
ciências? — Dei um sorriso falso.

O rosto dela era uma rocha.

Durante a hora seguinte, que deveria ter sido gasta na
preparação, implorei ao pessoal de inscrição da ISEF. A funcionária séria e outro homem desapareceram atrás de uma
misteriosa cortina por um tempo que pareceu uma eternidade, e quando os dois finalmente ressurgiram, me entregaram
meu material de inscrição.

— Boa sorte, sr. Andraka.

Quando coloquei minha etiqueta oficial da ISEF, soltei
um enorme suspiro de alívio. Pela primeira vez tudo aquilo
parecia real.

A seguir, fui apresentado a minha coordenadora, Valerie.
A todos os participantes era atribuído um coordenador, para
guiá-los ao longo da semana. Valerie começou fazendo um

tour comigo e me mostrou onde eu deveria montar minha exposição.

No primeiro dia do evento, todos os concorrentes recebem um pequeno espaço na sala de convenções, do tamanho de um cubículo, para mostrar seus experimentos. O segredo de uma ótima exposição é assegurar que ela seja visualmente atraente e fácil de entender. Usei muitas fotos coloridas e dividi a apresentação em várias seções sobre metodologia e análise de dados. Incluí, também, uma parte sobre a detecção de anticorpos usando mesothelin.

Eu estava confiante, até que comecei a circular pelas longas filas de projetos.

Esta pessoa fez uma grande descoberta com o mal de Alzheimer? Como diabos eu vou superar isso?

Aquela garota descobriu uma nova cascata de proteínas. Eu nem sei o que é isso!

Deitado na cama naquela noite, eu vagava mentalmente pelos corredores da ISEF de novo, antevendo todos os outros projetos e me sentindo cada vez menos seguro sobre minhas possibilidades. Quando acordei, na manhã seguinte, meu otimismo havia voltado. O segundo dia era livre para ensaiar nossas apresentações e para as inspeções finais das exposições. Enquanto eu ensaiava diante de minha exposição, dois garotos, Bradley e Owen, aproximaram-se para ver meu projeto. Os dois eram de Nova Jersey, e nós nos demos bem imediatamente. Naquela noite, concordamos em nos reunir e ir juntos à troca de broches.

A troca de broches da ISEF é tipo a das Olimpíadas, quando os concorrentes de todo o mundo trocam broches de suas pátrias entre si. Eu havia levado algumas dezenas de broches de Maryland, que tinham a forma do estado e a imagem da bandeira, além de alguns globos de neve temáticos. Consegui trocá-los por um sombrero mexicano e toneladas de broches interessantes.

Após a troca, fui com meus novos amigos ao clube American Eagle, que a Intel havia alugado para uma festa gigante. Alguém poderia pensar que um baile com um grupo de aficionados por ciência seria chato, mas estaria errado! O centro da pista de dança rapidamente se transformou em uma roda punk. Em nosso estado delirante, Bradley, Owen e eu achamos que seria uma ideia fantástica fazer chapéus de balões imitando a cadeia de DNA para usar enquanto dançávamos.

Já era tarde quando deixamos a pista e voltamos para nossos quartos. Começamos a conversar sobre os vencedores anteriores da ISEF, e Owen disse que, nos vídeos que ele havia visto, eles sempre pareciam muito contidos e inexpressivos quando recebiam os prêmios. Alguns deles nem sequer sorriam!

— Isso é ridículo! — eu disse. — Essas pessoas estão vivendo os melhores momentos de sua vida. Deviam demonstrá-lo!

— Se eu ganhasse, sairia dando piruetas até o palco — confessou Owen.

Todos rimos. Naquela noite, fizemos uma promessa: se algum de nós tivesse a sorte de ganhar prêmios, não se seguraria. Eram três da manhã quando finalmente segui cambaleando para meu quarto, exausto de tanto dançar.

Só lembro que depois ouvi umas batidas. No começo, pensei que o barulho estivesse dentro de minha cabeça, mas era a porta.

— Jack, onde você está? Você vai se atrasar! — gritou Valerie através da porta.

Droga!

Era o dia mais importante da competição — o julgamento. Meu corpo parecia ter sido atropelado por um caminhão pela falta de sono e pelo fato de ficar subindo e descendo na pista de dança o tempo todo. Quando tentei responder a Valerie, percebi que não conseguia. Estava sem voz. Tentei dizer que estava indo, mas o que saiu de minha boca foi um coaxar estridente e bizarro.

O pânico me dominou; embora estivesse acostumado a me apresentar depois de dormir pouco ou nada, eu não sabia a língua dos sinais.

Abri a porta e deixei-a entrar. Ao contrário de mim, Valerie era superorganizada. Ela me deu uma olhada e disse que eu precisava de eletrólitos imediatamente. Reapareceu dois minutos depois com três garrafas de Gatorade.

— Beba — ordenou.

Corri para o piso da convenção carregando as bebidas, tão rápido quanto humanamente possível. Já totalmente hidratado, minha voz voltou, e bem na hora.

Graças a Deus, Valerie existe!

Minha parte favorita de qualquer feira de ciências era o momento de apresentar minha ideia. Acabei descobrindo que não existe nenhum macete ou truque, só algumas orientações básicas.

Contato visual constante. Sorriso largo e cheio de dentes. Boa postura.

E o mais importante: não há substituto para a paixão sincera. É algo que não se pode fingir.

Quando as portas se abriram e uma enchente de pessoas tomou o local, fui direto ao trabalho.

— Olá, meu nome é Jack Andraka. Sou de Crownsville, Maryland, e tenho 15 anos. Estou no primeiro ano do ensino médio.

Lembrei-me de ser claro e conciso. Eu me imaginei como uma espécie de vendedor de parque de diversões promovendo meu pequeno estande de ideias importantes para o máximo de gente possível.

— Basicamente, o que fiz aqui foi criar um papel biossensor que pode detectar uma grande variedade de doenças. Alguns exemplos notáveis são o câncer de pâncreas, de ovário e de pulmão. Todas elas são doenças fatais, de modo que é crucial detectá-las nos estágios iniciais, quando as taxas de sobrevivência são mais elevadas. Eu me concentrei especificamente no câncer de pâncreas, neste caso, devido a suas taxas extremamente baixas de sobrevivência. Meu papel biossensor tem nanotubos de carbono de paredes simples, que são tubos de carbono da espessura de um átomo, misturados com anticorpos para a mesothelin, biomarcador desse câncer.

Enquanto eu falava, mais e mais pessoas se reuniam ao redor de meu cubículo. Lembrei que, quando eu havia estado ali com Luke, um dos objetivos era fazer uma grande multidão de pessoas se reunir na frente de seu estande. Quando o primeiro grupo pequeno se forma, a multidão tende a ter uma reação em cadeia, atraindo ainda mais pessoas. E quanto mais pessoas diante de seu estande, mais os juízes notam você.

Prossegui:

— Quando o comparei com os padrões atuais de detecção de proteínas, meu teste foi bem mais rápido, mais de 26 mil vezes mais barato e mais de quatrocentas vezes mais sensível. E o que concluí foi que o meu sensor, em um estudo cego, teve um diagnóstico 100% correto do câncer de pâncreas e poderia identificar o tumor antes que ele se espalhasse.

Depois que terminei a palestra, eu estava pronto para as perguntas. Não precisei me lembrar de sorrir; foi fácil!

Eu não estava nervoso. Aquele era o ponto culminante de incontáveis horas de trabalho duro, e eu estava adorando a oportunidade de falar sobre meu projeto. Às vezes, ficar em pé tantas horas repetindo as mesmas coisas era cansativo, mas as perguntas perspicazes sempre davam um jeito de me energizar. Eu podia sentir a emoção da plateia. Notei que vários juízes haviam se reunido ao redor de meu estande; os dois juízes principais da categoria estavam ali. Isso era um ótimo sinal.

Acabou o dia e o julgamento. A única coisa que me restava fazer era esperar os resultados.

Nos dois dias seguinte houve cerimônias de premiação separadas. A primeira foi para os prêmios especiais, oferecidos por sociedades científicas, organizações e empresas, e no segundo dia houve a da categoria Primeiro a Quarto Lugar, seguida pela de Melhor da Categoria. Os vencedores de cada categoria competiam pelos principais prêmios globais, incluindo o Gordon E. Moore.

Para criar suspense, os organizadores da feira resolveram fazer uma sessão de seis horas de visitação pública antes da cerimônia de premiação especial. Fiquei preocupado em me manter hidratado sem poder ir ao banheiro durante seis horas, mas consegui. Me emocionei por ver que sempre havia uma multidão de pessoas interessadas rondando meu estande.

Os outros concorrentes, competitivos como eram, haviam começado a ter simpatia por mim também. Me apelidaram de "O garoto do papel para câncer". Eu preferia esse apelido aos muitos outros que havia ganhado no ensino fundamental.

Na cerimônia de premiação especial, encontrei alguns amigos do acampamento de matemática, mas estava nervoso demais para falar muito. Aguardar o início da cerimônia era angustiante. Eu sabia que havia sido algo importante em minha cidade o fato de Luke ter ganhado um prêmio especial. Eu queria um também, muito, mas, depois de ver a concorrência, disse a mim mesmo que precisava estar preparado para a decepção. Afinal, um garoto havia feito um reator nuclear!

Durante o anúncio dos primeiros ganhadores, ganhei um prêmio especial de 3 mil dólares! Lembrando a promessa que havia feito a Bradley e Owen, eu me deixei levar. Corri até a apresentadora e lhe dei um abraço enorme. Olhei para a plateia. Queria desesperadamente compartilhar o clímax de minha carreira científica com minha família. Vi mamãe com lágrimas nos olhos batendo palmas freneticamente. Corri para seus braços abertos.

— Onde estão papai e Luke? — perguntei.

Os olhos de minha mãe brilharam. Eu conhecia aquele olhar.

— Eles estão atrasados — foi o que ela disse.

Eu sabia que eles teriam que enfrentar a ira de Jane Andraka.

— Lamento, Jack — ela acrescentou.

Tudo bem, pensei. Eles podiam ter perdido meu grande momento, mas havíamos gravado, e eu ia rodar o vídeo sem parar a caminho de casa. Especialmente para que Luke visse.

Quando meu pai e meu irmão finalmente chegaram, minha mãe lhes deu o mais mortal dos olhares mortais quando lhes mostrei o prêmio. Por incrível que pareça, não havia terminado para mim. Minha família teria mais chances de compartilhar aquele momento comigo. Durante toda a noite ganhei vários prêmios especiais, construindo uma reputação por dar aos apresentadores (inclusive a um impassível sargento do Exército) abraços de urso e sair correndo, delirante de excitação.

Quase desmaiei quando fui chamado para o prestigioso prêmio Google Thinking Big, que é dado a um projeto dirigido a um grande e aparentemente impossível problema. Minha mãe já estava aplaudindo. Notei que meu pai manteve o braço em volta de mim. Ele estava emocionado e orgulhoso, e muito feliz, porque a vitória significava que minha mãe havia esquecido temporariamente que estava terrivelmente brava com ele.

Por fim, depois de uma noite de emoção, saí cambaleando com a impressionante quantidade de seis prêmios especiais, empatando com o recorde de minha heroína da ISEF, Amy Chyao! Eu havia ganhado os mais especiais prêmios da noite. E era a vez do anúncio dos vencedores de Melhor da Categoria. Observei os outros concorrentes do campo da medicina e vi meu amigo Owen, de Nova Jersey, que havia feito uma pesquisa inovadora sobre o mal de Alzheimer. Imediatamente, pensei: *É ele. Ele merece.*

Mas foi o meu nome o chamado. Foi uma enorme honra em si, mas também significava que eu estava no páreo para concorrer ao maior prêmio de todos: o Gordon E. Moore. O vencedor é selecionado não só com base em sua investigação, mas pelo potencial impacto da obra também, no campo da ciência e no mundo em geral.

Quando chegou o *grand finale*, o destaque de todo o evento, todos nós nos reunimos em um grande auditório. Minha categoria foi uma das últimas a serem anunciadas, o que significou que eu tive que ficar sentado assistindo durante horas, enquanto, um por um, os vencedores subiam ao palco. Eu tinha tanta adrenalina que, às vezes, precisava reprimir a vontade de gritar aleatoriamente.

Finalmente, chegou a hora. Eu me endireitei na cadeira, sentando bem rígido. Mal conseguia respirar. A apresentadora caminhou até o pódio e começou a falar.

— O terceiro lugar do Gordon E. Moore vai para.... Nicholas Schiefer!

Ele tinha 17 anos, era do Canadá e havia feito uma grande descoberta em microsearch, que é a capacidade de busca de pequenos dados, como tweets ou atualizações de status no Facebook, que um dia revolucionaria o modo de acessar informações. Era difícil compreender como ele havia feito aquilo.

— O segundo lugar do Gordon E. Moore vai para... Ari Dyckovsky!

Eu não podia acreditar que ele era o segundo colocado. Achava que o projeto de Ari venceria. Aos 18 anos, o garoto de Virgínia havia descoberto que os átomos estão ligados por meio de um processo chamado "entrelaçamento". A informação de um átomo só vai aparecer em outro quando o estado quântico do primeiro for destruído. Utilizando esse método, as organizações que requerem altos níveis de segurança de dados, como a National Security Administration, poderiam enviar mensagens criptografadas sem correr o risco de interceptação, porque a informação não viajaria até sua nova localização; ela simplesmente apareceria lá.

Fiquei confuso. Quem havia superado aquele garoto? Os dois vencedores estavam parados no palco, radiantes, olhando para todos os outros estudantes de setenta países diferentes na plateia.

Claro, o garoto que fez o reator nuclear vai ganhar.

— O vencedor do prêmio Gordon E. Moore 2012, no valor de 75 mil dólares...

... na categoria de...

... med...

Medicina! Sou eu!

SOU EU!

Não pude me conter e esperar que a apresentadora do prêmio terminasse de pronunciar as palavras. Meu corpo simplesmente não me permitiu. Ergui os braços e pulei da cadeira.

Subi correndo ao palco gritando e arfando.

Olhei para a tela de televisão gigante. Ali, em grandes letras em negrito, havia três palavras: *Jack Thomas Andraka!*

Sou eu!!

Eu podia ver minha imagem em tempo real na minha frente, na tela gigante, correndo para o palco.

Ouvi música e aplausos. Tinha que me lembrar de respirar.

Depois que subi ao palco, caí de joelhos e comecei a fazer reverências diante da apresentadora. Ela riu e tentou me entregar o prêmio. Levantei-me e lhe dei o maior abraço de todos, erguendo-a do chão.

Peguei o prêmio nas mãos e me virei para a plateia. Eu gritava, não conseguia parar. De algum lugar atrás de mim surgiu uma explosão de confetes. A seguir, o anúncio:

— E, agora, senhoras e senhores, é uma honra apresentar a vocês o vencedor da Feira de Ciência e Engenharia da Intel de 2012.

Choveu confete. Identifiquei cada rosto na plateia. Vi meus novos amigos de Nova Jersey e alguns dos amigos do acampamento de matemática. Vi meu pai, que chorava, e minha mãe sentada ao lado dele, radiante. Luke parecia orgulhoso.

Eu chorava de boca aberta. Enquanto estava no palco, lembrei-me de minhas longas horas de trabalho no laboratório, das noites que passei com o Western blot, e da pequena mancha que havia deixado no chão. Lembrei-me de como era me sentir intimidado, odiado e rejeitado, mas também me lembrei do dr. Maitra, que havia decidido me dar uma chance. Pensei no quanto amava minha família, e no quanto seu apoio ajudara a me livrar da depressão até chegar àquele momento. Pensei em tio Ted e no quanto nós podemos continuar amando uma pessoa mesmo depois de sua morte.

Era quase demais para suportar. Dois anos antes, ninguém se sentava comigo para almoçar, mas, então, minutos depois de ganhar o prêmio, eu me vi cercado de estudantes que admirava me pedindo autógrafos.

Parabéns, Jack! Como está se sentindo?

Pode me dar um autógrafo, Jack?

Um homem de meia-idade emergiu da multidão. Ele não era juiz, era um convidado. Ao contrário do restante das pessoas que se reuniam ao meu redor, ele tinha um olhar severo.

— Quero lhe agradecer — ele disse, pegando minha mão.

— Agradecer? — perguntei. — Por quê?

Houve uma breve pausa enquanto eu o observava chorar.

— Há seis anos perdi o amor da minha vida para o câncer de pâncreas — ele contou. As lágrimas corriam pelo seu rosto. — Olhar para você, ouvir você falar... me fez ter esperanças de novo.

Passei meus braços ao redor daquele total estranho e lhe dei um caloroso abraço.

Falei sobre tio Ted e o quanto ele significava para mim.

— Tenho certeza de que ele está orgulhoso de você — o homem disse, enquanto apertava minha mão uma última vez antes de se afastar.

Após as comemorações, minha família e eu fomos direto para o rio Potomac, para andar de caiaque. Enquanto navegava pelas corredeiras, passei muito tempo refletindo sobre a semana anterior. Uma súbita onda de emoção me dominou quando percebi que, de todas as coisas maravilhosas que me haviam acontecido, inclusive o prêmio Gordon E. Moore, as palavras do estranho tinham sido a mais importante.

8

Meu Deus,
nós matamos Morley Safer

Setenta e duas horas depois de vencer o Gordon E. Moore finalmente tive a chance de checar meu telefone, que andara movimentado nos últimos dias. Estava cheio de notificações. A maioria era de mensagens de completos estranhos no Facebook e Twitter que haviam procurado meu nome no Google, encontrado minha conta e queriam me cumprimentar e compartilhar a emoção do momento. As mensagens variavam de um simples "Ótimo trabalho" até a total descrença.

Você realmente encontrou uma nova forma de prevenir o câncer de pâncreas?

É verdade que você tem 15 anos?

Como você fez isso?

No início, tentei responder todo mundo, mas, como as mensagens continuavam chegando, não consegui continuar. E eu tinha outras coisas na cabeça: precisava me preparar para atender a imprensa. Normalmente, o vencedor da ISEF tinha que lutar para conseguir a cobertura da mídia. Eu sabia que o jornal de minha cidade me entrevistaria e publicaria uma boa matéria, como havia feito quando Luke ganhara um prêmio especial na ISEF, mas, em geral, os vencedores não recebem muita atenção.

Tínhamos acabado de chegar a Crownsville quando recebemos um telefonema com o primeiro pedido de entrevista: era do *Early Start*, da CNN. Quando minha mãe me deu a notícia, senti meus joelhos fraquejarem. Os produtores perguntaram se podiam reservar passagens para Nova York para ela e para mim e nos hospedarmos em um hotel de luxo. Não precisamos pensar muito a respeito.

A grande entrevista foi agendada para 23 de maio, menos de uma semana depois da noite da premiação. Quando fizemos o check-in no hotel, o pessoal da recepção disse que tudo o que consumíssemos seria pago pela CNN. Como nunca recusávamos comida de graça, minha mãe e eu alegremente nos banqueteamos com X-búrgueres servidos no quarto.

No dia seguinte, assim que acordamos, havia um carro preto esperando para nos levar à sede da CNN. Fomos recebidos no hall de entrada e escoltados até uma sala abastecida com donuts Krispy Kreme, muffins e aquelas garrafinhas de bebida tão caras que minha família jamais pensou em comprar.

— Para quem é tudo isso? — perguntei a minha mãe.

Olhamos em volta. Éramos os únicos na sala.

— Para nós, acho — ela respondeu.

Peguei dois achocolatados gourmet e tomei um atrás do outro. Adoro leite com chocolate. Infelizmente, eu não havia pensado em levar minha mochila, senão, teria pegado mais alguns para guardar. Antes que eu pudesse atacar os donuts, um produtor usando um fone futurista entrou e me avisou que a maquiadora estava pronta.

Olhei para minha mãe. Ela riu ao ver minha expressão. Segui o produtor até uma sala que parecia um salão de beleza, onde me sentei em uma cadeira e a girei para ficar de frente para o espelho. A seguir, uma mulher, que parecia saída de uma revista de moda, chegou e começou a cobrir meu rosto com um pó grosso que cheirava levemente a enxofre. Quando a maquiagem ficou pronta, olhei para minha nova aparência rosada e sorri. Era hora do show.

Ao entrar no set, fiquei com medo de que as luzes tão brilhantes e quentes se misturassem com meu suor e transformassem a maquiagem em cimento, congelando meu rosto em uma expressão perpétua de choque. O produtor me levou até uma cadeira, e um segundo depois fui apresentado à anfitriã, Alina Cho.

Ela tomou seu lugar em frente a mim e começou a folhear um maço de papéis, revendo algumas anotações. Um homem por trás da câmera começou uma contagem regressiva — cinco, quatro — e no três passou a fazer sinais — dois, um —, até apontar para nós.

Uma luz verde acendeu na câmera. Após uma breve introdução, estávamos ao vivo.

Alina lançou sua primeira pergunta:

— Me conte: como surgiu a ideia? Eu soube que você se inspirou em um amigo próximo da família.

Engoli em seco. A anfitriã olhava para mim, sorrindo. Minha mãe estava atrás de mim, fora do palco. Uma câmera deslizava ao meu redor em um giro de 360 graus. Fiquei nervoso, mas havia recitado a fala tantas vezes nas feiras de ciências que liguei o piloto automático.

— Sim. Depois que um grande amigo da família morreu dessa doença, fiquei muito interessado na detecção precoce do câncer de pâncreas, porque esse é um dos problemas por trás da enorme taxa de mortalidade — respondi.

Assim que comecei a falar, senti o nervosismo desaparecer. Eu estava me divertindo. Em seguida, mostraram o vídeo de minha reação ao ganhar o prêmio.

— É impressionante — a apresentadora comentou, rindo. — Já assisti várias vezes.

Foi um momento bizarro, como ter uma experiência fora do corpo. Eu estava sendo entrevistado na televisão enquanto assistia a mim mesmo em uma televisãozinha e perguntavam pela minha reação, que, claro, estava sendo televisionada. Minha mãe olhava para mim. Meu pai e meu irmão estavam assistindo em casa, como centenas de milhares de espectadores.

Depois de Alina me agradecer pela presença, acabou. Fiquei radiante pela experiência e aliviado por não ter dado nenhuma bola fora. Também achei meio estranho que, depois de horas de viagem, maquiagem e ansiedade, a entrevista propriamente dita tenha durado apenas alguns minutos. Fui rapidamente escoltado para fora do estúdio. Minha mãe correu para mim, saindo de onde estava.

— Jack, estou tão orgulhosa de você! — ela comemorou. — Você esteve ótimo!

A caminho de casa, em Crownsville, mal conseguíamos conter nossa alegria. Meu estudo havia ganhado visibilidade nacional, algo com que só podíamos sonhar. Avaliamos que era hora de eu virar a página e começar a pensar no próximo projeto. Mal havíamos desfeito as malas quando a assessora de imprensa da ISEF ligou. Ela parecia agitada. Seu escritório tinha sido inundado por pedidos de entrevistas.

— É algo sem precedentes — ela disse. — Não sabemos bem como lidar com isso. O que vocês querem que nós façamos?

— Bem, isso é bom. Jack ficaria feliz de falar com a imprensa — minha mãe respondeu. — Diga que sim, podemos arranjar um tempo. Quantos pedidos você recebeu? Uma dúzia? Vinte?

Houve uma pausa na linha.

— Milhares.

Pela primeira vez na vida minha mãe e eu ficamos sem palavras.

Depois do frenesi das últimas semanas, chegou o dia de voltar para a escola. Entre a ISEF e a viagem a Manhattan eu havia perdido quase duas semanas inteiras.

Minha manhã começou com a rotina normal. Acordei às cinco e meia, tomei um banho de 15 minutos, fiz ovos mexidos rapidamente, escovei os dentes e às seis e meia estava no banco do passageiro do carro do meu pai para o trajeto de trinta minutos até a escola. Eu não sabia bem como meus professores reagiriam. Claro, para eles tudo bem eu ter ido à ISEF, mas a viagem para Nova York poderia ter sido um problema.

— Acho que perdi uma prova de biologia — comentei com meu pai.

— Acredito que os seus professores vão deixar você fazer qualquer trabalho que tenha perdido, Jack — ele respondeu.

— Espero que sim.

Cheguei à escola quando todo mundo estava socando seus armários. Era estranho que nada houvesse mudado ali. Eu podia ouvir o barulho dos livros sendo enfiados nas mochilas, o ruído metálico de armários se abrindo e fechando e as saudações matutinas conforme os alunos passavam uns pelos outros nos corredores. Poucos minutos antes do sinal da manhã ouvi um anúncio pelos alto-falantes.

— Parabéns a Jack Andraka, que banhou o Prêmio Gordon E. Moore!

Naquela situação estranha, senti meus dois mundos se fundirem. Eu não havia socializado muito durante o primeiro ano e mal havia falado sobre meu projeto. Isso se devia aos resíduos dos muros que eu havia erguido nos tempos do ensino fundamental II. Não dá para superar o ostracismo e o ódio rapidamente. Obviamente, eu sabia que não havia jeito de esconder certas coisas, depois de ganhar a competição da feira de ciências regional, mas até aquele momento, pelo menos em minha cabeça, eu sempre havia mantido os projetos em que trabalhava separados da escola. Então, foi como se meus mundos tivessem colidido. Para minha surpresa, parecia legal.

Enquanto eu caminhava pelos corredores, vários colegas me parabenizaram. Diminuí o ritmo ao passar pelo armário de Damien. Por um momento nós ficamos nos olhando. Eu não o havia visto desde o dia em que ele me dissera que meu projeto era uma droga, ainda na feira regional. Eu sorri para ele. Ele se virou, fingindo que não havia me visto.

O resto do dia passou como todos os outros, exceto na aula de espanhol. Quando entrei na sala, vi que a professora havia levado um grande bolo para comemorar minha vitória. No bolo estava escrito *Felicitaciones, Jack*. Eu amo bolo. Todo mundo ganhou um pedaço. Depois, fui falar com a professora de biologia para ver se ela me deixava fazer a prova que eu tinha perdido enquanto estava em Nova York. Ela viu a preocupação em meu rosto e caiu na gargalhada.

ROMPENDO LIMITES

— Jack, você está falando sério? Claro!

Foi um alívio. No primeiro ano do ensino médio, eu queria ir bem em ciências.

Conforme o primeiro ano letivo se aproximava do fim, eu esperava que a atenção da mídia diminuísse também. Porém, em junho, meu vídeo ganhando o prêmio havia viralizado. O que realmente me surpreendeu foi que a maior parte do interesse não vinha de adolescentes nerds. Na verdade, muitos deles nunca haviam tido muito interesse em ciência ou matemática.

Até o final da segunda semana de junho, o telefone de nossa sala de estar estava sempre tocando, com pedidos de entrevistas, inclusive das minhas revistas favoritas: *Smithsonian*, *Discovery* e *Popular Science*. Equipes de televisão de redes nacionais de notícias, como a ABC World News e a BBC, queriam falar comigo.

— O que está acontecendo? — perguntei a minha mãe quando ela leu a lista de pedidos.

— As pessoas olham para você e veem a ciência como um divertimento novamente — disse ela.

Quando recebemos uma ligação do *60 Minutes*, minha mãe disse o "sim" mais rápido que eu já ouvi. Morley Safer, o lendário correspondente, havia perguntado a ela se poderia vir a nossa casa para entrevistar a família!

Poucos dias depois Morley chegou, seguido por um pequeno exército de técnicos e assistentes. Depois que todos nos sentamos, ele começou a fazer perguntas com a mesma voz famosa que eu havia ouvido tantas vezes nas noites de domingo. Minha família e eu nos revezamos falando sobre nossa vida, as coisas que gostávamos de fazer e, claro, nosso amor por fazer experiências no porão.

— Você faz experiências no porão? — perguntou Morley. — Posso ver o lugar?

Minha mãe pareceu nervosa. Ela não tinha ideia do que havia lá embaixo.

— Acho que deve estar uma bagunça, não é, meninos? — ela disse.

Ela olhou para nós em busca de apoio. De jeito nenhum ela queria estranhos, sendo um deles Morley Safer, entrando naquela parte da casa. Luke e eu não ajudamos mamãe. Em vez disso, ficamos ali como se não a tivéssemos ouvido. Na verdade, fazia tempo que eu não ia ao porão, e eu não sabia exatamente como ele estava. Mas eu sabia que ninguém conseguia dizer não a Morley, especialmente quando ele estava sentado em sua sala de estar.

— Vamos dar uma olhada. — Ele chamou sua equipe de filmagem, sem esperar resposta.

Nós o seguimos pela escada estreita que levava ao laboratório.

De repente, ouvimos um grande baque, seguido por um gemido abafado. Morley Safer havia tropeçado em alguns fios elétricos que desciam pela escada. Estava caído com o rosto para baixo e não se mexia.

Por uma fração de segundo todo mundo ficou paralisado, olhando para o ícone da televisão, com seus 80 anos de idade, jazendo imóvel no chão do porão da família Andraka.

Meu Deus, pensei, *nós matamos Morley Safer.*

A equipe e meus pais correram para ajudar, e, então, nós vimos um leve movimento.

Ele não está morto!

— Estou bem — Morley balbuciou.

Ele não quis ajuda. Insistiu em se levantar sozinho e prosseguir com a entrevista como se nada houvesse acontecido.

Depois que a entrevista do *60 Minutes* foi ao ar, percebi um efeito bola de neve. Quanto mais eu aparecia na TV, mais repórteres queriam falar comigo. Logo após o programa recebemos um convite para participar de um evento do Iniciativa Global Clinton, uma fundação beneficente fundada pela família de Hillary e Bill Clinton. Foi um jantar de gala cheio de CEOs importantes, um monte de pessoas famosas de quem eu nunca havia ouvido falar e, claro, os próprios Clinton, as estrelas do evento.

No momento em que o ex-presidente dos Estados Unidos entrou no salão, todos olharam para ele. Ele tem uma presença forte, como se fizesse sua própria gravidade.

Bill Clinton veio apertar minha mão.

— Prazer em conhecê-lo — ele disse. — Você ganhou o prêmio de ciência, certo?

Uau! Bill Clinton tem prazer em me conhecer?

— Parabéns — ele cumprimentou.

Minha mãe perguntou se podia tirar uma foto e ele concordou, com simpatia.

Voltei para meu lugar em estado de choque, e notei que alguém havia mexido em meu copo de Sprite. Foi quando Hillary Clinton se aproximou de mim. Ela tinha um sorriso largo.

— Peguei seu copo? — perguntou.

Foi estranho. Ela havia, de fato, pegado meu copo, mas eu não ia dizer à secretária de Estado que ela o tinha roubado de mim.

— Tudo bem, sem problemas — respondi, todo sem graça.

Ela me devolveu o copo e puxou uma cadeira ao meu lado.

— Me fale sobre você — ela pediu.

Eu já havia contado minha história inúmeras vezes, para todos os tipos de público, mas aquilo foi um pouco diferente. Fiquei surpreso com o calor e o interesse que ela demonstrava enquanto ouvia. A certa altura, enquanto eu falava, sua filha, Chelsea, tocou minha cabeça e brincou:

— Cabelo legal.

Depois de contar minha história a Hillary, confessei que não entendia muito de política.

— Ah, não é tão complicado quanto você imagina. Já assistiu *Meninas malvadas?* — perguntou. — Bem, a política é muito parecida com esse filme. — Imagine todos os políticos em panelinhas, e o meu trabalho é circular ao redor deles para conseguir fazer as coisas.

— Uau! — brinquei. — De certa forma, o ensino médio nunca termina.

Ela assentiu com a cabeça.

— Agora você entendeu!

Quando eu achava que a coisa não poderia ficar mais surreal, em outubro do segundo ano do ensino médio fui convidado para participar do *The Colbert Report*, com Stephen Colbert. Adorei cada segundo que passei lá, e gargalhei a maior parte do tempo. O momento de que mais gostei foi quando ele me perguntou se eu já tinha pensado em usar meus poderes para o mal. Eu ria tanto que não conseguia falar.

Fiquei impressionado quando conversei com Colbert por alguns segundos longe das câmeras. Ele me parabenizou por minhas realizações e pediu para eu continuar. Não era nada parecido com sua persona televisiva. Seu tom de voz era muito sério e sincero.

O mais estranho momento pós-vitória aconteceu em novembro, depois que fui agraciado com o prêmio Sciacca em pesquisa e desenvolvimento e me convidaram para uma audiência com o papa Francisco. Até então, nada parecia muito real, de modo que aquilo fez sentido para mim. Quando chegamos ao Vaticano, minha mãe e eu fomos escoltados até um grande salão ornamentado, onde os assessores do papa nos deram uma lista de coisas que poderíamos ou não fazer perto dele. "Não toquem em nenhuma parte dele, em nenhuma hipótese", eles disseram, mais em tom de ordem que de instrução. Dava para ver, pelo olhar deles, que não estavam brincando.

Quando o papa finalmente chegou, estava com sua batina tradicional e o chapéu grande. Ele caminhava lentamente e parecia muito frágil. Prendi a respiração quando ele se aproximou, lembrando-me de não apertar sua mão nem abraçá-lo. Ele parou a sessenta centímetros de meu rosto, e olhando diretamente em meus olhos disse algumas palavras em uma língua que eu não entendi. Quando terminou, olhou para mim, esperando uma reação. Eu não sabia o que fazer. Olhei para minha mãe, que apertava os olhos como se estivesse tentando ver algo muito distante. Então, ele falou de novo, dessa vez em um outro idioma. Eu sorri e balancei a cabeça. Por fim, na quarta tentativa, as palavras saíram em inglês:

— Parabéns pelo prêmio.

— Muito obrigado — agradeci, mantendo firmemente minhas mãos ao redor de minha própria cintura.

De volta à nossa casa, não recebi nenhum tratamento especial. Eu ainda tinha que fazer as tarefas normais, como manter o meu quarto arrumado, levar o lixo para fora e cuidar para que nossos furões, Gina Weasley e Fedro, fossem alimentados e lavados.

Àquela altura, o segundo ano do ensino médio havia se transformado em uma constante confusão de aparições públicas e entrevistas. A vida social era praticamente inexistente para mim. Parecia que a maioria das minhas interações sociais era com repórteres. Eu ficava respondendo às mesmas perguntas sem parar. Comecei a me sentir como uma máquina.

Sim, é ótimo obter todo esse reconhecimento. Não, eu não esperava ganhar o prêmio.

Felizmente, minha escola optou pela política de não intervenção, basicamente me assegurando que, se eu continuasse a ir bem nas provas, minhas faltas não me prejudicariam. Nas poucas vezes em que eu aparecia por lá, alguns professores ficavam surpresos. Eles achavam que eu havia saído da escola.

No entanto, nas primeiras semanas do segundo ano, não era sobre mim que se falava na escola, e sim sobre meu irmão, que estava terminando o ensino médio.

A secretária da escola ligou para minha mãe dizendo que ela precisava ir buscar Luke imediatamente. Ele havia construído um forno elétrico a arco no laboratório da escola e os professores ficaram nervosos quando ele mencionou que o dispositivo poderia aquecer até 540 graus centígrados. Ficaram ainda mais nervosos depois que ele derreteu um parafuso de aço para provar o que dizia. Mamãe correu para a escola a fim de pegar Luke, juntamente com seu forno, que logo ganhou um espaço na coleção de projetos aleatórios no porão da família Andraka, à esquerda do lugar onde pensávamos que havíamos matado Morley Safer.

* * *

Quase toda a atenção que recebi durante o segundo ano foi positiva. Porém, enquanto a maioria das pessoas era favorável, algumas vozes na comunidade científica duvidavam que meu teste funcionava, provavelmente porque não acreditavam que alguém de minha idade pudesse fazer uma descoberta como aquela. Alguns dos críticos me faziam voltar à época do ensino fundamental: pareciam mais interessados em tentar me desmoralizar como pessoa. Uma publicação importante gastou mil palavras para justificar por que não celebraria minhas realizações! Houve momentos em que eu só queria gritar ou responder a todos os comentários na internet.

Também houve ataques à minha sexualidade. Eu nunca quis me tornar um ícone gay ou discutir minha sexualidade em público. Só queria compartilhar minhas ideias e me tornar um cientista. Mas ser gay é parte de quem eu sou. Por isso, quando o tema surgiu em uma entrevista, decidi ser honesto. Eu já havia tentado esconder a verdade antes, e não deu muito certo. Além disso, eu me lembrava de ir às feiras e de participar da comunidade científica pela primeira vez e pensar: *Onde estão as pessoas como eu?* Talvez minha história facilitasse as coisas para algum garoto que quisesse se revelar gay. Quando chegava algum e-mail de ódio, eu tentava pensar nas mensagens que havia recebido de outros adolescentes gays. Houve um monte de e-mails de ódio.

Os veados queimam no inferno, sabia?

Na maioria das vezes, pelo assunto do e-mail, já sei que é uma mensagem de ódio, e não abro; mas, às vezes, a curiosidade se torna minha inimiga.

Se você abandonar o caminho do pecado e decidir viver uma vida dentro da moralidade, aqui está o meu contato. Nunca é tarde demais, Jack.

No entanto, os e-mails mais perturbadores vêm de pessoas que perderam alguém para o câncer de pâncreas e querem saber quando poderão ter acesso a meu teste. Infelizmente, tenho que dizer a elas que vai demorar um pouco. Meu teste ainda precisa ser aperfeiçoado. Preciso refiná-lo e também publicar minhas descobertas em uma revista científica, onde meu trabalho possa ser avaliado por outros estudiosos. Como o dr. Maitra diz, o teste ainda está em estágio preliminar. Temos que analisar amostras de pacientes para provar que, em soro humano, mesmo quando existem baixos níveis de mesothelin, o teste pode, consistentemente, detectar o câncer.

Depois disso, o teste precisa ser aprovado pela Food and Drug Administration (FDA), agência governamental responsável pela saúde pública, que garante a segurança da maioria das coisas que colocamos dentro de nosso corpo, incluindo medicamentos e testes médicos.

Descobri que não existe um jeito rápido de fazer qualquer coisa passar pela FDA. Obter a aprovação dos projetos mais simples pode levar anos e anos, o que é especialmente difícil para quem está entre os milhões de pessoas que esperam por tratamentos ou medicamentos ainda pendentes. Me disseram que o meu teste deve chegar ao mercado em uns cinco ou dez anos.

Sabendo que não havia nada que eu pudesse fazer para acelerar esse processo, tentei me concentrar em dar entrevistas e fazer palestras, e em pensar no projeto que eu poderia desenvolver a seguir. Em uma entrevista recente, o dr. Maitra comentou que esperava que eu me dedicasse à ciência biomédica. Não sei bem aonde meu próximo projeto vai me levar, mas fico feliz que tenha começado no laboratório dele. Eu sei que ele não se arrepende do dia em que me deu uma chance, e tenho orgulho disso.

No meio do segundo ano, em 11 de fevereiro de 2013, eu estava fazendo as malas para ir dar uma palestra em Londres no dia seguinte. Meu pai estava no andar de baixo fazendo contas.

Ouvi o telefone tocar, seguido pelo som da voz de meu pai.

— Jack, Jack! É melhor você vir até aqui!

Corri para baixo.

— Era da Casa Branca — ele anunciou.

— Da Casa Branca?!

Ai! Luke conseguiu desta vez, pensei. As experiências dele chegaram bem além do estágio da carta do FBI. Ele provocou a ira do presidente!

— Você foi convidado para o discurso sobre o Estado da União, como convidado da primeira-dama!

Fiquei confuso.

— Por que a Michelle Obama me convidou? Eu nem a conheço. Por quê?

— Jack — meu pai explicou como se eu fosse um idiota —, ela quer homenagear suas realizações, claro.

— Meu Deus! Meu Deus! Meu Deus!

Saí correndo pela cozinha, de meia, derrapando no piso de madeira.

— Quando vamos?

Meu pai, que tranquilamente me observava pular pela casa, sorriu.

— Jack, é amanhã.

Tenho certeza de que Londres vai entender.

Na tarde seguinte, minha mãe, meu pai e eu entramos no SUV e demos início à viagem de oitenta quilômetros rumo à capital do país. Como eu tinha permissão para levar apenas dois convidados, Luke teve que ficar em casa. Meus pais decidiram. Foi mal, Luke!

Durante a viagem, meu pai teve que ser paciente. Primeiro, minha mãe estava muito excitada, e, então, sua animação me animou, e nossas energias se chocaram umas contra as outras, até que as palavras se transformaram em gritos e os gritos em urros. No fim, o meu pai, que é um poço de sensatez, estava à beira de um colapso.

Quando chegamos a Washington, deixamos o carro em um estacionamento e caminhamos por três quadras até o nosso destino, na Pennsylvania Avenue. Fomos recebidos no portão por um bando de sujeitos de terno bem escuro, alguns segurando armas assustadoras.

Minha mãe, que não se intimida com nada nem ninguém, adiantou-se e falou em nome da família:

— Este é Jack Andraka. Ele é convidado da primeira-dama, Michelle Obama — anunciou, com orgulho. — E nós somos convidados de Jack.

Os seguranças olharam para mim. Eu sorri e tentei parecer inofensivo. Meus pais preencheram uns formulários antes que outro grupo de pessoas de terno nos acompanhasse pelo gramado rumo à Casa Branca. Eu sabia que tio Ted teria pirado se soubesse que eu estava ali por causa dele.

Depois que as portas se abriram, fomos deixados na grande sala de jantar, onde nos juntamos a um grupo de pessoas muito importantes que também haviam sido convidadas para o discurso.

No salão, avistei Tim Cook, CEO da Apple. Eu o reconheci imediatamente, aproximei-me e me apresentei. Tim foi muito acessível, e, depois que lhe contei minha história, ele disse que havia perdido um amigo íntimo para o câncer de pâncreas. Só mais tarde percebi que ele estava falando de Steve Jobs.

Tentei não tocar em nada na Casa Branca. Trabalhando no laboratório, aprendi que rapidamente um de meus espirros ou tropeços poderia derrubar e estraçalhar as coisas. Passei o tempo andando entre três salões grandes e coloridos: um, pintado de azul, outro, de vermelho, e, outro, de branco. Nas paredes havia extravagantes pinturas de pessoas que eu certamente deveria conhecer, mas não conhecia. Minha atenção estava voltada para os homens de smoking que andavam por todo lado distribuindo pratos dos mais deliciosos espetinhos de carne. Eu não conseguia parar de comer aqueles espetinhos. Ficava sem graça de pegar dois do mesmo sujeito de smoking, de modo que tentava revezar entre as bandejas. Consegui comer sete.

Duas horas depois um oficial da Casa Branca nos acompanhou até uma sala separada, onde formamos uma fila para cumprimentar Michelle Obama e tirar fotos com ela. A primeira-dama foi muito calorosa e afável. Ela abraçou todos os que estavam na fila e pareceu realmente feliz por conhecer as pessoas. Eu ficava repetindo mentalmente minha fala: *Obrigado por me convidar.* Quando me aproximei, vi um de seus assistentes sussurrar em seu ouvido quem eu era.

— Que bom conhecê-lo, Jack — ela disse.

— Obrigado por me convidar.

Ela me deu um grande abraço. Senti os ossos de seu ombro. Ela era incrivelmente forte.

— Não! Eu é que agradeço por você ter vindo, Jack!

Posamos todos para uma foto, junto com Jill Biden, esposa do vice-presidente, Joe Biden. A primeira-dama agradeceu de novo e fomos conduzidos para outro salão. Poucos minutos depois conheci o "primeiro-cão", Bo. Quando acariciei sua cabeça, ele rolou de costas para que eu acariciasse sua barriga. Eu sabia que meu cão, Casey, ficaria com ciúme quando sentisse aquele cheiro em minha mão.

Depois disso fomos divididos em dois grupos. No primeiro ficaram os convidados dos convidados, que veriam o presidente discursar na sala de cinema da Casa Branca. No outro grupo ficaram os convidados da primeira-dama, que precisaram ser levados para assistir pessoalmente à solenidade. Tremi de emoção ao acenar para meus pais.

Quando meu grupo estava no carro, indo para o Capitólio, notei que agentes de motocicleta bloqueavam o trânsito.

— Vejam — mostrei, finalmente quebrando o silêncio diante de todos aqueles estranhos muito famosos. — Estão fechando as ruas para nós.

Todos se voltaram para olhar para mim.

— Na verdade — respondeu uma voz severa —, não é para nós. É para o presidente.

Estraga-prazer!

Depois de uma curta viagem, paramos em frente ao Capitólio e fomos conduzidos por uma entrada secreta. Um funcionário nos levou até uma escadaria e nos mostrou em um gráfico onde cada um se sentaria. Quando chegou a hora de me mostrar o meu lugar, o oficial apontou para a escada próxima. *Que apropriado!*, pensei. Mas não me importei. Eu ainda poderia ver o discurso, e estava feliz só por estar naquele salão.

Nunca me senti tão patriótico quanto no momento em que ouvi o presidente ser anunciado. Levantei-me, aplaudi, ovacionei. Logo que o discurso sobre o Estado da União começou, uma senhora de voz suave que parecia uma bibliotecária se sentou ao meu lado na escada.

— Você é uma camponesa também? — brinquei, por causa dos lugares de prestígio que nos haviam sido designados.

— É, sou — ela respondeu, apresentando-se como Valerie.

Valerie explicou que frequentava a Casa Branca fazia alguns anos, e, então, começou a me dar dicas e a explicar o que eu estava vendo.

— Veja. Todas as pessoas que aplaudem em pé são democratas — apontou. — Os que estão sentados, são republicanos.

Eu pulava e aplaudia cada vez que o presidente Obama mencionava inovações na ciência e na medicina.

Quando o discurso acabou, minha nova amiga, Valerie, me pediu para acompanhá-la até uma sala ao lado. Um segundo depois o presidente Obama entrou. Depois de tanto tempo vendo aquele homem como uma cabeça falante na televisão, era estranho vê-lo de pé, em carne e osso, diante de mim. O presidente estendeu sua "primeira-mão" para mim e nós nos cumprimentamos. Foi a mão mais suave que eu já toquei.

— Qual foi o seu projeto, Jack? — ele perguntou.

Sabendo que ele tinha coisas mais importantes para fazer, dei ao líder do mundo livre a versão resumida da minha pesquisa.

O presidente se mostrou surpreendentemente bem-informado em ciência. Quando comecei a explicar o que são nanotubos, ele me interrompeu:

— Eu sei o que são nanotubos.

— Sério? Não acredito! — respondi.

— Sim — ele riu.

Minha conversa com o presidente durou menos de dois minutos, mas vou guardá-la na memória pelo resto da vida.

Dias depois, eu estava assistindo TV quando vi o rosto de minha companheira de escada, Valerie, passando na tela. Percebi, então, que a senhora supersimpática que me fez companhia durante o discurso sobre o Estado da União era uma das pessoas mais poderosas do universo, Valerie Jarrett, a principal assessora do presidente Obama.

9

A descoberta

Conforme avançava o segundo ano do ensino médio, eu ia me sentindo pronto para o próximo projeto. No ensino fundamental, a ciência significou uma fuga do bullying e das dúvidas acerca de mim mesmo, porém, agora, mais velho e mais confiante, eu queria algo novo, meio que por diversão. Decidi tentar desvendar os segredos de um instrumento que sempre me fascinou: o espectrômetro Raman.

O espectrômetro Raman dispara um laser poderoso que pode quebrar quimicamente quase qualquer objeto. Isso significa que ele permite analisar todas as camadas de qualquer coisa, de explosivos a contaminadores ambientais. O problema é que a máquina é extremamente delicada, grande como um carro e chega a custar 100 mil dólares, então, poucas pessoas podem usufruir dos benefícios dessa tecnologia incrível. Pensei que se eu pudesse construir um espectrômetro menor e mais barato ele poderia ser usado para tarefas como a detecção de poluentes em um riacho ou de armas nas bagagens dos aviões. Passei nove meses trabalhando até que finalmente fiz uma grande descoberta. Percebi que se trocasse o laser do espectrômetro Raman por uma ponteira e o fotodetector (usado para determinar a composição química de qualquer material que esteja sendo analisado) resfriado com nitrogênio líquido por uma câmera de iPhone, seu custo poderia ser reduzido para 15 dólares, e seu tamanho poderia ser semelhante ao de um smartphone. Meu espectrômetro seria 7 mil vezes mais barato e 1.250 vezes menor, além de muito eficiente!

Esse projeto foi muito diferente do trabalho com o teste de câncer de pâncreas, porque eu tive que aprender muito sobre engenharia. A terminologia era difícil para mim.

Quando percebi, tinha um novo projeto, que denominei "Tricorder: um espectrômetro Raman original que pode ser aplicado no mundo real". Participei da Feira Regional de Ciências e Engenharia do Condado de Anne Arundel, e meus esforços foram recompensados com o primeiro lugar e outra viagem para a ISEF, dessa vez em Phoenix, no Arizona.

Quando cheguei à ISEF, me vi na posição pouco familiar de ser admirado pelos outros concorrentes. Durante todo o evento os alunos pediam para tirar fotos comigo. Fiquei lisonjeado, mas, embora gostasse dos holofotes, não ensaiei muito bem minha apresentação. Eu também sabia que o projeto daquele ano não era tão interessante quanto o do ano anterior.

Meu projeto favorito era o de Ionut Budisteanu. Esse romeno de 19 anos foi premiado com o primeiro lugar pelo uso da inteligência artificial para criar um carro de 4 mil dólares que andava sozinho, equipado com radar 3D e câmeras para detectar as faixas de trânsito e o meio-fio, além de sua posição em tempo real. Ele merecia ganhar! Mas confesso que fiquei feliz quando ganhei dois prêmios especiais.

Ver Ionut no palco segurando o prêmio Gordon E. Moore trouxe de volta muitas memórias do melhor momento de minha vida. Era difícil acreditar que haviam se passado três anos desde a morte de tio Ted e um ano desde que eu correra gritando até o palco para receber meu prêmio.

Descobri que, ao longo do tempo, as palavras de tio Ted haviam se solidificado em memoriais que serviam como marcos em minha mente sempre que eu me sentia em uma encruzilhada.

Eu já não esperava ver o carro velho dele chegar para ir pescar caranguejos, mas não esqueci sua voz. Eu o ouvia me incentivando nos momentos em que pensava em desistir, ou quando recebia um e-mail particularmente rude. Tio Ted fez sua vida valer a pena causando um impacto positivo no mundo. Eu queria fazer o mesmo.

Uma vez, no primeiro ano, Chloe e eu estávamos andando pelo porto de Baltimore e ficamos com nojo ao ver tantas garrafas boiando na água. Eu pensei: e se nós criássemos uma garrafa que purificasse a água? Chloe e eu começamos a trocar ideias e a formular um plano de ação.

— Teria que ser uma garrafa reutilizável, com um filtro diferente de qualquer coisa que exista no mercado — ela conjecturou.

— Com um biossensor que detectasse qualquer coisa que pudesse ser prejudicial — acrescentei.

— Teria que ser barata — continuou Chloe —, para que pudesse chegar aos países do Terceiro Mundo, onde a água potável contaminada é mortal.

Chloe e eu havíamos nos tornado ainda mais próximos. Gostávamos de assistir aos filmes do Homem de Ferro juntos, e estávamos particularmente interessados no laboratório da casa de Tony Stark e em todos os gadgets que ele tinha. Mas Chloe também era incrivelmente inteligente, e, juntos, nós formávamos uma estranha dupla. Ambos éramos minorias no mundo da ciência: eu, por ser um garoto gay; ela, por ser uma garota negra.

Começamos a trabalhar em nosso filtro. Para atingir o objetivo de criar uma garrafa purificadora de água tivemos que aprender a produzir estruturas microfluídicas, ou dispositivos que manipulassem pequenos volumes de líquido, conhecidos como nanolitros. Para isso tivemos que inventar um procedimento e customizar nosso equipamento. Foram seis meses de pesquisas, tentativa e erro, muito trabalho, para desenvolver um biossensor microfluídico capaz de detectar a presença de produtos químicos.

Eu sabia, pelas experiências anteriores, que se perseverássemos, chegaríamos aonde queríamos. Trabalhando juntos, montamos um filtro feito de garrafas de água recicladas. Acoplamos aminoácidos nessas garrafas, pois eles funcionam como ímãs para atrair os contaminadores perigosos, como mercúrio e pesticidas. O filtro que criamos é capaz de monitorar os contaminadores da água de forma rápida e fácil, e com baixo custo.

Nosso sistema de filtragem pode ser usado em países do Terceiro Mundo, onde a água potável contaminada mata pessoas todos os anos; e ele tem outros usos, como melhorar os efeitos do fraturamento hidráulico, de vazamentos de petróleo e até mesmo de produtos químicos. Chloe e eu levamos o projeto ao Desafio Siemens Nós Podemos Mudar o Mundo, o maior concurso de sustentabilidade ambiental do país. Para competir, os estudantes precisam identificar um problema ambiental de impacto global e apresentar uma solução viável e replicável para ele. Chloe e eu ganhamos o primeiro lugar e dividimos 50 mil dólares na forma de uma bolsa de estudos! Vencer com minha melhor amiga, minha parceira cientista, foi incrível.

Hoje em dia eu ainda perco muitas aulas, porque estou sempre viajando e dando palestras. Na maior parte do tempo, adoro a exposição e a atenção que tenho recebido desde a conquista do prêmio Gordon E. Moore. Às vezes, ainda não entendo o que um nerd adolescente está fazendo junto com o presidente ou o papa. Na verdade, gosto mais quando estou sozinho no porão, pensando em meu próximo projeto.

Um dia, em plena aula de química avançada, tive outra ideia. Estávamos aprendendo sobre equilíbrio, o que era bem chato, então, eu pulei para o capítulo sobre um processo chamado fotocatálise, que ocorre quando os compostos orgânicos são decompostos utilizando luz. Comecei a imaginar se eu poderia criar uma tinta que pudesse decompor diferentes contaminadores do ar, prejudiciais à respiração. Afinal, a maioria das pessoas passa cerca de 90% do tempo em ambientes fechados, e respirar ar contaminado não é bom para a saúde, especialmente para quem tem asma ou outros problemas respiratórios. Ainda estou trabalhando nesse projeto, mas espero poder criar uma tinta barata, com cores legais.

Eu também espero que meu teste para detecção do câncer de pâncreas possa ser modificado para detectar outras doenças. Considerando que quase todas as doenças importantes têm proteínas que aparecem precocemente e que podem ser usadas como biomarcadores, trocando os anticorpos para a mesothelin por outros, para outra proteína-alvo, espero que o teste possa detectar o mal de Alzheimer, a Aids ou até mesmo doenças cardíacas. Isso fará os médicos iniciarem o tratamento a tempo.

Até pensei em combinar minha tira de papel de teste com o espectrômetro Raman modificado. Dessa forma, com um pequeno dispositivo do tamanho de um telefone, as pessoas poderiam rastrear em si mesmas, na sua própria casa, diversas doenças. Isso ajudaria os médicos a detectar os problemas ainda mais cedo, e reduziria drasticamente o tempo de espera nos hospitais.

Neste momento está acontecendo uma mudança emocionante na forma de detectar doenças. A velha maneira de fazer as coisas, promovendo varreduras, cutucando e medindo a temperatura, está dando lugar a um novo método, chamado diagnóstico molecular, que atua sobre as proteínas do sangue. Isso significa que certas doenças podem ser identificadas antes que o paciente se sinta mal ou apresente qualquer sintoma.

Nos dias de hoje, para todo lugar para onde eu olhe há alguma coisa emocionante acontecendo no mundo da ciência e tecnologia. Você sabia que a telecinese, ou a habilidade de mover coisas com o poder da mente, existe de verdade? Usando uma técnica chamada eletroencefalografia cinco estudantes da faculdade de ciência e engenharia da Universidade de Minnesota conseguiram usar suas ondas cerebrais para controlar os movimentos de um helicóptero!

Você sabia que as Palm Islands, em Dubai, que têm forma de palmeira, foram construídas fora do mar?

Com avanços acontecendo em toda parte, às vezes, eu não entendo por que as outras pessoas de minha idade não demonstram mais interesse. Ainda me lembro do ensino fundamental, quando meus colegas pareciam amar a ciência tanto quanto eu. Eu vivia de mãos sujas, separando coisas e descobrindo como o mundo funcionava. Lembro de observar as lagartas se transformarem em borboletas na sala de aula e de aprender o que acontece quando se coloca sal de fruta em uma garrafa de Coca-Cola.

Mas alguma coisa mudou para muitos dos meus colegas. Notei que eles se desinteressaram pela ciência. O encantamento desapareceu. Alguns passaram a odiar a ciência e a matemática, não sei exatamente por quê. Talvez não gostassem mais delas, ou, quem sabe, fosse mais fácil passar o tempo no telefone ou jogando videogame.

Mas eu sou otimista. Vou a muitos eventos diferentes e falo sobre a reforma da STEM Education.[1] No verão passado o presidente Obama anunciou uma nova campanha para treinar 100 mil professores STEM com o objetivo de oferecer oportunidades de aprendizagem para 18 mil estudantes de baixa renda e incentivar mais deles a participar.

Eu tenho um monte de ideias para transformar a configuração do ensino. Quero que os alunos passem menos horas sentados, decorando livros, e mais tempo trabalhando no porão. Quero que haja possibilidade de acesso para todos, não importa quantos anos ou quanto dinheiro a pessoa tenha, que todos possam ler sobre as incríveis pesquisas que são feitas todos os dias. Eu nunca teria feito minhas descobertas se não pudesse ter lido artigos na internet, muitos dos quais eu tive que assinar. Quero que eles sejam de livre acesso para que uma criança na parte rural da Índia tenha a mesma chance que eu de descobrir o próximo grande avanço do mundo.

---

[1] Sistema de ensino cujo programa se baseia em quatro disciplinas inter-relacionadas: ciência (Science), tecnologia (Technology), engenharia (Engineering) e matemática (Mathematics). [N. da T.]

Hoje tentei trabalhar no balcão da cozinha. Não foi fácil. Nas últimas horas, tem havido uma distração atrás da outra. O maior problema, no momento, é Luke. Ele estuda engenharia no Virginia Tech, mas está em casa agora. Ele não para de falar um minuto, fica falando sobre a pizza que está fazendo; e Luke sabe que eu não posso sair da cozinha porque é o único lugar da casa que tem wi-fi no momento.

Agora ele saiu daqui, mas está imitando passarinhos na sala. Está me irritando.

Tenho outra coisa na cabeça ainda. Recentemente, enquanto voltava de uma conferência em Londres, assisti ao filme *Wall-E*, sobre um robô inteligente.

Não pude evitar imaginar: e se eu encontrasse uma maneira de fazer robôs bem pequenos e inteligentes, para que eles pudessem nadar pela corrente sanguínea e tratar doenças?

Teriam que ser nanorrobôs. A nanorrobótica é a ciência que cria robôs tão pequenos que precisam ser medidos em nanômetros, que correspondem a 1 bilionésimo de metro. Ainda tenho muito que aprender sobre nanorrobôs; também não sei muito sobre o sistema circulatório humano, mas sei que alguns sites de pesquisa vão me ajudar nisso.

Se o projeto funcionar, esses robôs não terão que ser só pequenos; também deverão ser ágeis, para navegar pelo sistema circulatório.

E se eu pudesse fazer um robô flexível? Como eu faria isso? Se alguém tiver alguma ideia, me escreva. Afinal, espero conhecer seus próximos projetos. Nesse meio-tempo, vou começar a trabalhar.

#BREAKTHROUGH

Se você está cansado de ver nossa geração ser criticada o tempo todo como um bando de preguiçosos que querem receber tudo de mão beijada, cabe a cada um de nós mudar essa percepção.

O que você pode fazer para mudar o mundo? Compartilhe suas fotos ou ações inspiradoras com a tag #Breakthrough.

Agradecimentos

Existem muitas pessoas incríveis a quem eu gostaria de agradecer. Sem a ajuda delas, este livro não teria sido possível!

Meus agentes literários, Sharlene Martin e Clelia Gore, da Martin Literaly and Media Management, que não só fizeram um trabalho extraordinário me representando como se tornaram minhas amigas. Vocês duas são perfeitas! Obrigado! Sou especialmente grato pela comida maravilhosa com que vocês me alimentaram quando andamos por Nova York.

A Matthew Lysiak, pela incansável ajuda com o manuscrito.

Fiquei encantado com todos da HarperCollins, que acreditaram que o livro de um nerd da ciência pode inspirar as pessoas!

A minhas editoras, Nancy Inteli e Olivia Swomley, que fizeram um trabalho fantástico orientando o direcionamento deste livro e me incentivando a ir mais fundo.

O meu livro também não teria sido possível sem o apoio da competente equipe da HarperCollins: Lisa Sharkey, Emily

Brenner, Andrea Pappenheimer, Diane Naughton, Sandee Roston, Matthew Schweitzer, Julie Eckstein, Cindy Hamilton, Victor Hendrickson, Laura Raps e todos os demais.

Quero agradecer a minha mãe, Jane Andraka, e a meu pai, Steve Andraka, por não terem me matado nem me mandado para o reformatório depois das inúmeras vezes que quase explodi nossa casa ou espalhei bactérias estranhas na cozinha. Vocês são os melhores pais do mundo. Sempre. Obrigado!

Agora, antes que ele suba aqui e me dê um soco na cara, é melhor eu agradecer a meu irmão mais velho, Luke. Ele é realmente um sujeito muito legal e faz parte do pequeno grupo de pessoas que me deram apoio quando eu mais precisei.

Luke, você é um dos meus melhores amigos. Obrigado!

A ESCOLA DE JACK
EXPERIÊNCIAS, DICAS E FATOS

EXPERIÊNCIAS

Eu acredito que a aprendizagem é algo que nós fazemos. Ninguém precisa estar oficialmente matriculado em uma escola para fazer a diferença na vida e na educação. Imbuído do espírito da descoberta, incluí neste livro dez experiências para você desenvolver. Lembre-se de obedecer à regra da família Andraka: nada de explodir a casa! Você vai precisar da permissão de um adulto para tentar realizar esses experimentos.

EXPERIÊNCIA 1
Faça sua própria lâmpada de lava

Lembra que as lâmpadas de lava estavam na moda nos anos 1960? É, nem eu. Mesmo que você não seja dessa época, vai adorar esse experimento. Ele explica os poderes de duas das minhas coisas favoritas: bicarbonato de sódio e ácido cítrico, de uma forma bem colorida.

Material
- Um vaso ou garrafa grande de água (de 600 ml a 2 l)
- Corante alimentício (quanto mais cores, melhor!)
- Pastilhas de sal de fruta
- Óleo vegetal
- Música do Grateful Dead (opcional)

Observação: Leia atentamente. Isto é muito importante. Em nenhuma circunstância você deve usar um vaso de vidro que esteja em sua família há gerações. Especialmente se for aquele deixado pela sua amada tia Ida. Sério, não faça isso! Peça para os seus pais lhe arranjarem um.

Procedimento
1. Encha ¾ do vaso ou da garrafa com o óleo vegetal.
2. Adicione mais ou menos metade de um copo de água ou encha até que reste apenas dois a cinco centímetros de espaço no topo da garrafa.
3. Acrescente seis a sete gotas de corante, dependendo do tamanho do vaso ou da garrafa. Eu gosto de usar muitas

cores diferentes, mas qualquer quantidade ou cor serve. Continue adicionando as gotas até que a água esteja bem colorida.

4. Corte as pastilhas de sal de fruta em quatro pedaços e jogue um deles na água.

5. Agora espere... Espere... Espere... as bolhas aparecerem!!

6. Aperte o play para ouvir Grateful Dead (mais uma vez, esta parte é opcional), a fim de trazer para sua casa o clima do túnel do tempo.

7. Depois de alguns minutos, quando as bolhas começarem a desacelerar, você pode adicionar outro pedaço de sal de fruta, para uma recarga rápida.

8. Agora é hora de ser criativo. Tente adicionar açúcar, sal ou até biscoitos na água e observe as diferentes reações.

Discussão

Esta experiência é uma forma divertida de demonstrar como o bicarbonato de sódio e o ácido cítrico (os dois principais ingredientes do sal de fruta) reagem.

Quando a pastilha atinge a água e começa a se dissolver, todos os ingredientes se misturam e liberam dióxido de carbono na forma de bolhas, que sobem. As bolhas servem para misturar o óleo e a água colorida (lembre-se de que água e óleo preferem ficar afastados).

Agora, sente-se e contemple os poderes hipnotizantes da lâmpada de lava. Movimente-a em sua mão e veja como os géis líquidos se separam em diferentes formas e cores.

Medite sobre as maravilhas do universo! E sobre as maravilhas do bicarbonato de sódio!

E, por favor... desligue essa música hippie!

EXPERIÊNCIA 2
O incrível osso de borracha flexível

Uma das coisas mais legais da ciência é a maneira como ela pode ser usada para surpreender e impressionar amigos e membros da família. A maioria dos truques de mágica é, na verdade, ciência. Se quiser ver um verdadeiro mágico trabalhando, procure um físico de renome mundial.

Nessa experiência vamos pegar um objeto cotidiano que você achava que conhecia e, usando os poderes da ciência, retirar sua força.

Material
- Um frasco grande de vidro
- Uma garrafa de vinagre
- Uma coxa de frango

Procedimento
1. A primeira instrução é pedir um delicioso frango bem grande para o jantar. A seguir, pegue uma coxa e coma toda a carne dela. Se você é como eu, isso não deve ser um problema.
2. Depois que terminar de comer, beba alguma coisa para fazer descer, pegue o osso da coxa e lave-o com água. Tente suavemente dobrar o osso. Ele deve estar duro e inflexível.
3. Coloque o osso no frasco e despeje o vinagre dentro. Não precisa encher o frasco todo; apenas certifique-se de que o osso fique encharcado. A seguir, coloque a

tampa no frasco, guarde-o em uma prateleira e esqueça dele pelos próximos três dias.

4. Depois de três dias, cuidadosamente, tire o osso do frasco e lave-o. ALERTA: quando você abrir o frasco, poderá ser sufocado por um odor meio forte. É o vinagre. Ele não vai machucá-lo, mas poderá fazê-lo sentir vontade de vomitar o frango que comeu três noites antes.

5. Depois de sobreviver ao cheiro, observe como o osso parece diferente em sua mão. Tente dobrá-lo de novo. Em vez de estar rígido, ele se dobrará como um pedaço de borracha.

Discussão

Lembra do filme *Batman*, quando o Coringa caiu no tanque de ácido e seu rosto derreteu? Assim como o líquido que acabou com o rosto do Coringa, o vinagre é um ácido, embora de um tipo muito mais fraco; mas pode causar muito mais danos se tiver oportunidade. Isso porque o que dá aos ossos do frango (e aos ossos dentro de nosso corpo) sua força superior é o cálcio. O cálcio, ou Ca, é um elemento químico incrível, necessário para todos os organismos vivos, usado na mineralização (maneira como nossas células mergulham nos minerais para se fortalecer) de ossos, dentes e conchas.

No entanto, o processo tem suas fraquezas. No caso do cálcio, o vinagre passa a ser sua criptonita. Enquanto você estava jogando videogame nos últimos três dias, o vinagre estava trabalhando duro para tirar o cálcio do osso. Tirar o cálcio de um osso é como tirar a estaca de um espantalho. Tudo o que resta é o tecido ósseo macio, e não sobra nada para manter o osso duro. Também é divertido fazer essa experiência com um ovo. O vinagre vai dissolver completamente a casca, deixando-o translúcido!

EXPERIÊNCIA 3
Faça seus próprios espetinhos de bala

Com todo esse papo de comer frango, talvez seja hora da sobremesa. Essa experiência é a desculpa perfeita para comer grandes quantidades de açúcar colorido, produzindo uma solução supersaturada.

Material
- Um prendedor de roupa ou um pedaço de barbante
- Um copo de água
- Dois palitos de madeira
- Três xícaras de açúcar
- Um copo alto e estreito
- Uma panela de tamanho médio

Procedimento
1. Pegue um palito e apoie-o no topo do copo. Pegue o segundo palito e prenda-o ao primeiro, usando o prendedor de roupa, ou amarre-o usando o barbante. Posicione-os para que um fique pendurado para dentro do copo, mas sem tocar nos lados ou no fundo. Deixe o copo de lado.
2. Despeje o copo de água na panela e leve-a ao fogo. Quando a água ferver, comece a adicionar o açúcar, um quarto de copo por vez. Mexa até que o açúcar se dissolva, antes de adicionar mais. Você vai notar que fica mais difícil dissolver o açúcar conforme adiciona mais. Tenha cuidado para não se queimar!

ROMPENDO LIMITES

3. Depois de adicionar todo o açúcar, desligue o fogo, e com pegadores de panela retire a panela do fogão. Coloque-a em algum lugar onde possa esfriar e deixe-a quieta por pelo menos vinte minutos.

4. Quando esfriar, adicione um pouco de corante alimentício. Certifique-se de adicionar corante suficiente para que a água fique escura, pois a cor vai desbotar um pouco.

5. Pegue o copo e retire os palitos. Com cuidado, despeje a solução de açúcar até quase encher. Agora, coloque os palitos de madeira de volta no copo, certificando-se de que um fique pendurado em linha reta dentro da água, sem tocar as laterais.

6. Arranje um local tranquilo onde possa deixar o copo sem que seu gato curioso mexa nele. Então, espere entre três e sete dias.

7. Enquanto está esperando, você pode olhar, mas não tocar. É divertido observar enquanto os cristais de açúcar crescem.

8. Quando os cristais estiverem formados ao redor do palito, tire-o do copo e coma o seu espetinho de bala!

Discussão

Essa experiência funciona porque a água fervente consegue segurar o açúcar apenas quando ambos estão muito quentes. Conforme a água esfria e evapora, pequenos cristais de açúcar vão se incrustando no palito e, às vezes, no copo. Esses minúsculos cristais são pontos de partida para cristais maiores.

Os cristais crescem porque a solução supersaturada é instável — contém mais açúcar do que pode ficar na forma líquida —, de modo que o açúcar sai da solução, por um processo chamado precipitação. Então, conforme o tempo passa e a água evapora, a solução vai ficando ainda mais saturada, e as moléculas de açúcar continuam saindo dela e se agrupam sobre os primeiros cristais no palito. Os cristais do espetinho de bala crescem, molécula por molécula. Quando ele fica pronto, é composto por cerca de 1 quatrilhão de moléculas grudadas no palito.

Você sabia que esses espetinhos (conhecidos como *rock candies*) são um dos doces mais antigos e eram, originalmente, usados por farmacêuticos para fazer os medicamentos? Diga isso a seus pais quando eles lhe derem bronca por comer muito açúcar.

EXPERIÊNCIA 4
A poderosa bolha inquebrável

Lembra da Glinda, a Bruxa Boa de *O mágico de Oz*, que atravessa Munchkinland pairando em uma bolha mágica? Bem, com essa experiência vamos usar o poder da ciência para enfim puxar a cortina e revelar a magia por trás da poderosa bolha inquebrável.

Material
- Duas colheres de sopa de detergente
- Um copo de água destilada
- Luvas de algodão
- Um potinho de bolhas de sabão
- Uma colher (sopa) de Karo
- Uma tigela

Procedimento
1. Despeje o copo de água destilada na tigela.
2. Adicione duas colheres (sopa) de detergente e uma colher (sopa) de Karo e mexa até misturar tudo.
3. Calce as luvas de algodão, pegue a varinha mágica do pote de bolhas de sabão e mergulhe-a em sua mistura. Comece a soprar as bolhas. O objetivo é fazer bolhas enormes mesmo.
4. Elas não são bolhas comuns. Repare que você pode, delicadamente, pegar as bolhas e empurrá-las para cima ou para baixo com a mão enluvada. Observe como elas quicam na luva e voltam para o ar!

Dica: esta experiência funciona melhor em dias mais fechados, quando há muita umidade no ar e as paredes da bolha têm mais apoio. Experimente descobrir quais materiais fazem as bolhas quicarem melhor. Tente usar seu joelho, um chapéu ou até mesmo a cabeça de seu irmão ou irmã chata!

Discussão

Nas bolhas normais, a mistura de sabão da parte externa tem três camadas: sabão, água e outra camada de sabão.

O que faz as bolhas normais estourarem com tanta facilidade é o fato de que, com o tempo, a água que fica presa entre as camadas de sabão evapora. A força da gravidade provoca um colapso nas paredes superfinas da bolha, que podem medir 1 milionésimo de centímetro.

Isso se você tiver sorte e outros inimigos das bolhas — como sujeira e óleo — não chegarem primeiro.

A razão pela qual a nossa bolha inquebrável quica em uma superfície que normalmente a levaria a estourar é que o xarope de milho encontrado no Karo lhe dá uma camada extra de apoio, tornando-a mais grossa. Essa parede impede a evaporação rápida da água no interior, o que dá à bolha uma durabilidade impressionante. Usar luvas ajuda a proteger as bolhas da sujeira e do óleo.

EXPERIÊNCIA 5
Dr. Jekyll e sr. Leite

Uma das coisas que sempre me fascinaram na ciência é o fato de ela pegar alguns itens aparentemente sem graça, comuns, cotidianos, e revelar um profundo e explosivo lado negro que estava escondido sob sua superfície.

No experimento dr. Jekyll e sr. Leite vamos pegar um companheiro bem conhecido, o cereal matinal, e com os poderes da ciência fazer um surpreendente show de cores adicionando um ingrediente simples: detergente.

Material
- Um prato grande
- Leite (integral ou com 2% de gordura)
- Cotonetes
- Detergente
- Corante alimentício (vermelho, amarelo, verde e azul)

Procedimento
1. Despeje o leite no prato até que a parte inferior fique completamente coberta, mas sem transbordar na mesa.
2. Deixe o leite assentar por alguns segundos.
3. Adicione uma gota de cada cor de corante no centro do prato de leite (a ordem das cores você escolhe, não faz diferença).
4. Pegue só uma gota de detergente com a ponta do cotonete. Suavemente, mergulhe a ponta do cotonete no

meio do leite. Mantenha-o ali por vinte segundos e observe um incrível show de cores.

Discussão

Essa experiência mostra o confronto violento entre o leite e o detergente. O leite contém vitaminas, minerais, proteínas e, o mais importante (pelo menos para a nossa experiência), pequenas gotas de gordura.

Se você leu *O médico e o monstro*, de Robert Louis Stevenson, sabe que esse livro conta a história de duas personalidades opostas presas dentro da mesma pessoa.

O detergente tem características bipolares semelhantes (lembre-se: "bi" significa "dois"). Ele tem uma personalidade, ou característica, que é hidrofílica, o que significa que adora água. Na verdade, ama tanto a água que se derrete e dissolve nela.

Mas há o outro lado do detergente, o seu sr. Hyde interno, que odeia a água. Esse lado é hidrofóbico, ou seja, tem medo de água, tanto que se agarra desesperadamente à gordura do leite, de um jeito violento até. É essa reação que torna nossa experiência tão legal.

Você já ouviu um salva-vidas falando sobre o perigo de tentar ajudar alguém que está se afogando? Isso acontece porque a vítima de afogamento pode estar tão cheia de adrenalina que é capaz de puxar até um nadador experiente para baixo, junto com ela.

O mesmo princípio se aplica ao nosso prato de leite. O detergente tem tanto medo da água que rapidamente se agarra a qualquer pedaço de gordura que possa encontrar e, então, se mantém grudado e contorce a gordura em todas as direções mais malucas. A única função do corante alimentício é fazer essa interação espástica ficar visível.

Depois de alguns minutos, o sabão estará uniformemente misturado com o leite e a ação vai desacelerar até parar.

Dica: experimente esfregar o cotonete com detergente em lugares diferentes do leite. O que acontece? De que forma a reação muda quando você usa leite com 2% de gordura?

Uma rápida palavra de advertência: não importa quanta sede você sinta, leite com detergente e corante pode parecer delicioso, mas não beba. Você vai vomitar. É sério.

EXPERIÊNCIA 6
Relógio de batata

Já aconteceu de você precisar muito saber as horas mas, quando olhou ao redor, só encontrou batatas?

Todos nós conhecemos muitas utilidades para a batata — principalmente ficar ao lado do X-búrguer e levemente à esquerda dos picles. Mas você sabia que, se precisar, pode usar a batata como pilha?

Material
- Dois pedaços de dez centímetros de fio de cobre grosso
- Dois pregos grandes de zinco galvanizado
- Três fios com garra jacaré
- Duas batatas frescas
- Um relógio simples de baixa voltagem que funcione com bateria tipo botão de um a dois volts

Procedimento
1. Primeiro, abra o compartimento da bateria do relógio e remova-a.
2. Olhe lá dentro e encontre as duas conexões da bateria. Elas devem ter um sinal de mais e outro de menos. É aí que você vai ligar a batata.
3. Pegue uma das batatas e espete nela uma ponta do fio de cobre, afundando pelo menos um centímetro. A seguir, o mais longe possível do fio, espete o prego na batata. Eles não podem se tocar! Depois eu explico o motivo.

ROMPENDO LIMITES

4. Repita o passo 3 com a outra batata: insira o fio de cobre e o prego — de novo, o mais distante possível um do outro.

5. A seguir, use o fio com garra jacaré para ligar o fio de cobre de uma batata ao lado positivo (+) do relógio.

6. Pegue outra garra jacaré e desta vez use-a para conectar o prego de zinco da outra batata ao lado negativo (-) do relógio.

7. A seguir, pegue o terceiro fio com garra jacaré e use-o para conectar o prego de zinco da primeira batata ao fio de cobre da segunda batata.

8. Olhe só! O relógio está funcionando apenas com a magia da poderosa batata!

Discussão

Parabéns! Você acabou de construir uma bateria eletroquímica, também conhecida como célula eletroquímica. Em outras palavras, com a energia das batatas, você foi capaz de converter energia química em elétrica, com base em algo chamado transferência espontânea de elétrons.

No caso das batatas, nossa fonte de amido favorita atua como uma espécie de tampão entre o poder do prego de zinco e o fio de cobre. O caldo da batata ajuda a transferir elétrons pelos fios de cobre do circuito, que canalizam a energia para o relógio. Se as batatas estiverem bem frescas, você pode fazer seu relógio funcionar com a energia delas durante meses!

Observação: se o zinco e o cobre se tocassem dentro da batata, eles ainda reagiriam, mas só gerariam calor.

Seus amigos podem rir de seu relógio de batata hoje, mas espere até acontecer um apocalipse zumbi, quando houver escassez de baterias e você for o único capaz de saber as horas. Vamos ver quem vai rir de seu incrível relógio, então!

EXPERIÊNCIA 7
O copo aspirador

Outra experiência beeeem legal. Usando apenas itens domésticos simples você vai criar seu próprio aspirador de água.

Material
- Um copo ou outro recipiente de vidro transparente
- Um prato de cerâmica
- Uma vela (certifique-se de que ela caiba dentro do copo)
- Corante alimentício
- Fósforos
- Água

Procedimento
1. Despeje a água no prato até cobrir o fundo.
2. Adicione algumas gotas de corante à água e misture até que a cor fique distribuída uniformemente.
3. Coloque a vela no meio do prato e peça a um adulto para acendê-la.
4. Espere alguns segundos e coloque o copo de cabeça para baixo sobre a vela, cobrindo-a completamente.
5. Observe o que acontece quando a vela se apaga.

Discussão
Como o copo está cobrindo a vela, a chama vai acabar ficando sem oxigênio até se apagar. Enquanto a vela arde, aquece o ar dentro do copo, e o ar quente se expande. Dá

até para observar algumas bolhas escapando do fundo do copo. Mas, quando a chama se apaga, o ar começa a esfriar — e ar frio se contrai. A contração é o que puxa a água do prato para dentro do copo.

EXPERIÊNCIA 8
O cientista louco

Você já suspeitava de que algo obscuro e misterioso vinha crescendo onde seu irmão joga suas meias sujas nojentas, mesmo quando todo mundo comenta que a cesta de roupa suja está a poucos passos de distância?

Agora, com o experimento do cientista louco, finalmente temos as ferramentas para comprovar suas suspeitas

Material

- Uma placa de petri com ágar, uma substância gelatinosa feita de algas marinhas que as bactérias adoram comer (Dá para comprar pela internet. Você também pode usar pó de ágar. Basta adicionar água ou suco de frutas para fazer um gel.)
- Folhas de jornal velho
- Um cotonete
- Uma superfície nojenta

Procedimento

1. Pegue o cotonete e procure uma superfície em sua casa que mereça uma investigação mais aprofundada. Eu sempre gosto de pegar a superfície mais nojenta que encontrar. Esfregue suavemente o cotonete algumas vezes contra a superfície que você escolher.
2. Esfregue sua coleta sobre o ágar algumas vezes e, a seguir, feche a tampa e sele a placa de petri. Não abra a placa de novo, para que as bactérias não saiam. E, também, certifique-se de jogar fora os cotonetes usados.

3. A seguir, coloque a placa de petri em um lugar quente, onde não seja perturbada, e deixe-a descansar por dois a três dias.

4. Não vai demorar muito para que pequenas bactérias invisíveis cresçam o suficiente para se tornarem visíveis a olho nu. Em breve você deverá ver um monte de vida nova crescendo.

5. É bom anotar suas observações diárias ou tirar fotos com o celular, para que você possa se lembrar das mudanças.

6. Você pode repetir a experiência limpando todos os tipos de superfícies. Se quiser tomar um susto, experimente debaixo de suas unhas. Você não vai acreditar nas criaturas que vivem ali sem pagar aluguel!

Observação: quando terminar, livre-se das bactérias cuidadosamente, embrulhando a placa de petri em jornal velho antes de jogá-la no lixo. Lembre-se: não abra a tampa da placa. Ninguém vai querer por perto as bactérias que você andou cultivando!

Discussão

Agora que você já viu o que vive no quarto do seu irmão, talvez sinta o impulso de chamar uma equipe que lida com materiais perigosos ou o Centro de Controle de Doenças. Não faça isso! Pelo menos, não ainda.

Com a placa com ágar e um clima quente, proporcionamos o ambiente perfeito para que as bactérias cresçam. Se você observá-las por bastante tempo, elas vão acabar formando colônias individuais, cada uma um clone da original.

A verdade é que, embora seu irmão precise cuidar melhor da higiene do quarto dele, as bactérias estão por toda parte.

Elas são membros de um grande grupo de microrganismos unicelulares que têm paredes celulares, mas sem núcleo organizado. Tipicamente, um grama de terra contém cerca de 40 milhões de células bacterianas. Um mililitro de água doce, geralmente, detém cerca de 1 milhão de células bacterianas. Estima-se que nosso planeta tenha pelo menos 5 nonilhões de bactérias. Entendeu? As bactérias estão por toda parte!

Não surte! Nosso sistema imunológico geralmente faz um excelente trabalho certificando-se de que essas bactérias sejam inofensivas. Isso não quer dizer que o quarto de seu irmão não deva ser lacrado como depósito de lixo tóxico.

EXPERIÊNCIA 9
Como fazer uma nuvem de chuva em uma garrafa

Você já olhou para seu irmão presunçoso depois de ele passar uma hora e meia na frente do espelho arrumando o cabelo tão perfeitamente, e desejou poder fazer uma nuvem de chuva se abrir bem em cima da cabeça dele?

Com essa experiência superlegal você poderá fazer sua própria nuvem de chuva em uma garrafa!

Material
- Uma garrafa plástica com tampa que abre e fecha (tipo os squeezes para esportistas)
- Fósforos
- Água morna

Procedimento
1. Despeje cerca de 1/8 de xícara de água morna na garrafa plástica.
2. Coloque a tampa de volta, mas não a feche. Peça a um adulto que acenda o fósforo e rapidamente o sopre para que a fumaça fique em cima da garrafa. Sugue a fumaça apertando a garrafa suavemente e soltando-a com a boca na fumaça. Depois de vários apertões, feche a tampa.
3. Com a garrafa fechada, aperte-a e solte algumas vezes.
4. Observe que, quando você aperta a garrafa, não há nuvem. No entanto, quando você a solta, uma nuvem deverá aparecer.

Dica: tente misturar as temperaturas da água, alternando entre quente e frio, e veja o que isso faz com a nuvem.

Discussão

As nuvens só precisam de três coisas para se formar: moléculas de água, núcleos de condensação (que pode ser poeira ou poluição do ar) e mudanças de temperatura ou de pressão atmosférica. É por isso que elas são mais propensas a se formar quando o ar está frio.

Quando você aperta a garrafa, a pressão aumenta. Isso faz a temperatura dentro da garrafa subir. A seguir, quando você solta a garrafa, a pressão diminui. Isso faz a temperatura dentro da garrafa cair e as moléculas de água se condensarem e se unirem em volta da fumaça. É assim que você cria uma nuvem dentro de uma garrafa.

EXPERIÊNCIA 10
Faça o seu próprio motor

Na velha família Andraka se diz que só existem dois tipos de pessoas no mundo: as que fazem os motores e todas as outras.

Segundo a lenda, esse ditado passa de geração a geração desde que meu tatara-tatara-tataravô Arnold Andraka utilizou um motor que ele inventou, feito de uma roda de carroça quebrada, ¼ de sal de fruta, três cabides enferrujados e uma complicada série de polias e alavancas, para fazer seu poderoso navio navegar pelos sete mares.

Tudo bem. Talvez isso não seja exatamente um velho ditado Andraka. Na verdade, eu inventei tudo isso, mas essa experiência é muito legal! Se eu realmente tivesse um tatara-tatara-tataravô Arnold Andraka, ele concordaria.

Material
- Um metro de fio de cobre
- Um ímã
- Dois alfinetes de segurança
- Fita isolante
- Uma pilha grande

Procedimento
1. Apoie a pilha horizontalmente em uma superfície. Encaixe a cabeça do alfinete de segurança em cada ponta da pilha. Se tiver dificuldade para encaixar os alfinetes, use fita isolante para prendê-los nos terminais da pilha,

deixando a outra ponta do alfinete (aquela que tem a voltinha) para cima.

2. Coloque o ímã em cima da pilha.
3. Enrole o fio de cobre várias vezes, formando um rolinho, e deixe as duas extremidades apontando em direções opostas. Você pode enrolar as extremidades no rolo de fio algumas vezes, para prendê-las, mas deixe alguns centímetros de fora. Faça o rolo de fio pequeno, para que, quando você for prender as duas extremidades do fio nas voltinhas dos alfinetes de segurança, ele não toque o ímã.
4. Encaixe as extremidades do fio uma em cada voltinha do alfinete de segurança. Quando o rolo de fio estiver posicionado, dê-lhe um empurrãozinho, e ele vai começar a rodar.

Atenção: se você usar um fio fino, dependendo da força da corrente, ele pode ficar extremamente quente! Tenha cuidado.

Discussão
Essa experiência é uma maneira divertida de fazer uma versão simples dos motores encontrados em aparelhos domésticos comuns, ferramentas e muitos dos outros dispositivos que tornam sua vida mais fácil. É ótima para cientistas iniciantes, porque, depois que dominar os fundamentos, você poderá pesquisar na internet e descobrir motores ainda mais complicados, para correr atrás dos animais de estimação da família.

MATEMÁTICA COM TIO TED

TRUQUE PARA DIVISÕES LONGAS

Truque superútil para dividir rapidamente um número grande por 9. Vamos tentar fazer 32.121 ÷ 9.

Comece escrevendo o primeiro dígito do dividendo, neste caso, 3.

A seguir, adicione 3 ao próximo número do dividendo; neste caso, 2. Escreva 5.

Agora, adicione 5 ao próximo número no dividendo, 1. Continue somando assim até chegar ao fim.

3 2 1 2 1 ÷ 9

3 5 6 8 9

A seguir, quando somar o último dígito do dividendo, escreva-o mais afastado, ao lado, porque isso vai ajudá-lo a calcular o resto.

Neste caso, você está somando 8 e 1, que dá 9.

9 cabe em 9 uma vez; assim, você vai adicionar 1 ao último dígito, neste caso, 8.

Então, o resultado da divisão é 3.569.

ROMPENDO LIMITES

Vamos tentar outro? Tente esta conta aqui: 153.214 ÷ 9.

$$1 \quad 5 \quad 3 \quad 2 \quad 1 \quad 4 \div 9$$

1   6   9   11   12   16

Para começar, escreva o primeiro dígito do dividendo, que é 1. Some-o ao segundo: 1 + 5 = 6; depois, 6 + 3, que dá 9. 9 + 2 = 11; 11 + 1 = 12; 12 + 4 = 16, que você vai escrever mais ao lado, porque ele vai ajudá-lo a calcular o resto.

Como temos alguns números com dois dígitos, vamos trabalhar da direita para a esquerda, a fim de determinar o quociente. Como 9 entra em 16 só uma vez, com um resto de 7, 7 é o resto e o 1 deve ser somado à casa das unidades do quociente. 1 + 12 = 13. Deixe o 3 no lugar da unidade e some o 1 ao número anterior, neste caso, 11. 11 + 1 = 12. O 2 fica na casa das dezenas no quociente e o 1 é levado à casa das centenas. 1 + 9 = 10. O 0 fica na casa das centenas no quociente e o 1 é somado na casa do milhar. 6 + 1 = 7. A resposta final é 17.023, com resto 7.

TRUQUE AO QUADRADO

Elevar números ao quadrado é complicado. Se você quer fazer 17^2, por exemplo, pode multiplicar 10 x 10 e somar o resultado a 7 x 7, mas há um jeito melhor.

Primeiro, pegue o número que deseja elevar ao quadrado e arredonde-o para o múltiplo de 10 mais próximo. Por exemplo, se você quer elevar 27 ao quadrado, arredonde para 30.

Agora, arredondar 27 para 30 significa acrescentar 3. Então, subtraia a quantia que você adicionou para arredondar do número original. Em nosso caso, dá 24 (27 - 3).

Multiplique 24 por 30 e, a seguir, adicione 3^2. 3 é o número que você somou ao 27 para chegar mais próximo de um múltiplo de 10.

Como multiplicar por 10 é fácil (30 x 24 é só 3 x 24 com um 0 no final), assim é muito mais rápido.

Nossa resposta é 729 : 30 x 24 = 720. Somando 3^2 (que é 3 x 3 = 9), dá 729.

A regra desse truque é a seguinte: se você vai elevar x ao quadrado, arredonde-o para o múltiplo de 10 mais próximo e chame-o de x + r. Agora, pegue r e subtraia-o de x, tendo x - r. Multiplique os dois valores (x + r) x (x - r) e a seguir some r^2. O truque funciona independentemente de quantos dígitos você tenha.

Funciona porque $(x + r) \times (x - r) + r^2 = x^2 - rx + rx - r^2 + r^2 = x^2$.

ACESSO ABERTO

Uma das maiores adversidades que eu tive de enfrentar durante o caminho para minha descoberta foi o simples ato de pôr as mãos nas informações com que outros pesquisadores já haviam contribuído. Dos artigos científicos, 90% estão bem protegidos por logins pagos, e fazer uma assinatura que dá acesso a uma série de artigos pode custar milhares de dólares por revista.

Acredito que o conhecimento não deve ser uma mercadoria e que a ciência não deve ser um luxo. O acesso ao conhecimento deve ser um direito humano básico.

Sem o poder do livre acesso a artigos de investigação científica e acadêmica — um conceito chamado acesso aberto —, não conseguimos chegar à forma mais natural e eficiente de evolução da sociedade: construir com base nas ideias uns dos outros.

Para que possamos ter alguma esperança de capacitar a mente de jovens cientistas a fim de que criem soluções novas e criativas para os problemas do mundo, a luta para manter livre o fluxo de informação é uma de nossas mais importantes batalhas.

Chegou a hora de derrubar esse muro.

Felizmente, enquanto escrevo este livro há um projeto de lei bipartidário chamado *Fair Access to Science and Technology Research Act* [Ato de Acesso Justo à Pesquisa em Ciência e Tecnologia], ou FASTR, que exige que artigos de pesquisas financiadas pelos contribuintes sejam disponibilizados na internet no prazo de seis meses. Essa lei ajudaria estudantes e pesquisadores financiados a ter acesso ao material necessário para descobrir o próximo grande avanço, acelerar o progresso científico e melhorar a vida das pessoas em todo o mundo.

Você pode dizer ao Congresso norte-americano que apoia o FASTR e o acesso aberto entrando em Alliance for Taxpayer Access — www.taxpayeraccess.org — e enviando o formulário disponível para o *Legislative Action Center* em www.congressweb.com/sparc/16.

Embora todos os esforços tenham sido empreendidos para assegurar a precisão dos dados a seguir quando este livro foi publicado, eles têm fins meramente informativos. Eles não têm a pretensão de ser completos ou exaustivos, nem substituir conselhos de especialistas qualificados ou de profissionais da saúde mental.

Existem muitas organizações fantásticas que trabalham para ajudar adolescentes. Algumas dessas organizações foram citadas nas páginas seguintes. Saiba que nenhuma delas tem qualquer relação comigo, com a minha história ou com este livro.

SOBRE O BULLYING

FATOS SOBRE O BULLYING

Existem muitos tipos diferentes de bullying, e nenhum deles é aceitável. Se você vir alguém sofrendo bullying, interceda. As pesquisas sugerem que o bullying perde a força quando um espectador intervém.

- O bullying físico acontece quando alguém fere outra pessoa fisicamente ou danifica seus pertences. Isso inclui ataques diretos, como socos ou chutes, e também cuspir, dar rasteiras ou quebrar as coisas de alguém.
- O bullying verbal pode ser falado ou escrito. Xingar, ameaçar, insultar, provocar e fazer comentários ofensivos também conta. Essa forma de bullying também pode incluir comentários sexuais inadequados.
- O bullying social é geralmente mais indireto. Inclui espalhar rumores sobre alguém, excluí-lo, constranger essa pessoa em público ou enviar correspondência abusiva para ela.

- O cyberbullying é aquele realizado pela internet ou por via eletrônica. Inclui o envio de mensagens ofensivas via SMS, e-mail, telefonema, Messenger, fotos indesejadas, vídeos ou links.[2]

DICAS CONTRA O BULLYING

O que você faz quando sofre bullying? Bem, isto é o que eu diria ao Jack do ensino fundamental:

- Converse com seus pais. Hoje eu sei que deveria ter falado com meus pais antes. Acho que isso teria me poupado muito sofrimento. Quando alguém está tornando sua vida tão miserável que você deseja que anos inteiros desapareçam, é hora de engolir o orgulho e pedir ajuda.

Se você estiver esperando o momento perfeito para falar sobre o assunto, esqueça. Saiba que essa conversa não vai ser fácil, mas tente encontrar um lugar onde não existam distrações e você tenha atenção total de seus pais. Lembre-se: eles querem vê-lo crescer e ser feliz, e não ser torturado. O mais importante: se a coisa ficar muito feia, os pais têm o poder de tirar você de um ambiente negativo e colocá-lo em um mais positivo, onde você possa ter oportunidade de fazer aquilo que o faz feliz.

- Dê um tempo das mídias sociais. Conheço um monte de pais que aconselham seus filhos a ficar fora da internet, mas isso não é muito realista hoje em dia. Para um jovem, cortar a conexão com as mídias sociais pode significar romper os laços

---

[2] Fontes: a) Stopbullying.gov, www.stopbullying.gov/what-is-bullying/definition; b) National Centre Against Bullying, www.ncab.org.au/parents/typesofbullying.

com todo o seu círculo social. Se você não está disposto a excluir seu perfil do Facebook, pelo menos mude suas configurações de privacidade para poder controlar quem tem permissão para ver seu perfil. Se isso não funcionar, talvez você precise colocar seu perfil para hibernar e reativar sua conta mais tarde.

Já o Twitter é diferente. Se você sofre cyberbullying via Twitter, pode ser impossível bloquear tuítes ou interações. Nesse caso, a única opção poderia apagar sua conta, pelo menos até o Twitter atualizar suas configurações de privacidade.

• Se nada mais funcionar, mude de escola. Hoje, mais que nunca, existem cada vez mais oportunidades de aprendizagem de qualidade, seja pela expansão das escolas autônomas ou pelas ótimas escolas virtuais. Ao mudar de escola, você não estará fugindo de seus problemas, estará escolhendo sair de um ambiente negativo e se colocar em outro positivo.

Entendo que essa não deve ser a resposta que você mais queria ou esperava, mas, se estiver decidido a sobreviver a esses anos duros para fazer algo especial da vida, algumas vezes terá que seguir por uma rota não muito convencional.

Se estiver ficando sem opções e precisar de um refúgio, lembre-se de que sempre há esperança.

SOBRE LGBT

LGBT significa lésbicas, gays, bissexuais, travestis, transexuais e transgêneros. Adolescentes LGBT como eu são, muitas vezes, incomodados ou assediados por serem diferentes.

FATOS SOBRE O BULLYNG COM LGBT:

- Nove em cada dez pessoas que se identificam como LGBT relatam situações de bullying na escola por causa de sua orientação sexual.
- Metade dessas pessoas foi vítima de bullying físico e ¼ delas foi agredido fisicamente.
- 74% dos estudantes LGBT sentem-se inseguros na escola por causa de sua orientação sexual. 44% se sentem inseguros na escola por causa de sua identificação de gênero.
- 32% dos estudantes LGBT deixaram de ir à escola por pelo menos um dia porque não se sentiam seguros.[3]

---

[3] Fonte: www.nobullying.com/lgbt-bullying-statistics.

LGBT NA INTERNET

The It Gets Better Project

Esse projeto ajuda a ilustrar que a vida realmente pode melhorar para a juventude LGBT. Veja uma coleção de vídeos e sites [em inglês] de LGBT adultos e aliados no mundo todo em www.itgetsbetter.org.

GLBT National Help Center

Não importa sua idade: você pode conseguir aconselhamento, apoio e recursos de seus pares nos Estados Unidos em www.glbtnationalhelpcenter.org.

The Trevor Project

Essa é a principal organização norte-americana para intervenção em crises e prevenção de suicídio entre jovens LGBT entre 13 e 24 anos. Visite o site www.thetrevorproject.org ou ligue para 866-488-7386.

PREVENÇÃO AO SUICÍDIO

O suicídio é a terceira principal causa de morte dos 15 aos 24 anos de idade. Isso significa que mais adolescentes morrem a cada ano por suicídio do que por doenças terminais — muito mais do que por câncer de pâncreas. Em média, adolescentes que cometem suicídio passam por 25 tentativas fracassadas antes de consegui-lo. São 25 momentos (pelo menos) em que eles podem obter ajuda.

Se você tem pensamentos suicidas, existem pessoas com quem pode conversar.

Fale com alguém. Converse com seus pais, seus professores, um adulto de confiança. Eles vão ajudá-lo e se esforçarão para que você fique aqui por muito tempo.

Lembre-se: você não está sozinho.

Este livro foi composto na tipologia Electra LT Std,
em corpo 11/15,3, e impresso em papel off-white
no Sistema Cameron da Divisão Gráfica
da Distribuidora Record.